築地市場のセリ人が教える旬の野菜

田村善男

刊行に寄せて

大沢悠里

「奥さんこれが旬ですよ」という話かけるようなコーナータイトルは私自身が考えたものですが、田村善男さんは、まさにタイトルにふさわしい語り口と情報量で、２０１６年春まで20年近くにわたり、ＴＢＳラジオ『ゆうゆうわいど』をお聞きの皆さんに、旬の野菜の情報と知識を伝えて下さいました。

お正月の放送ではカブなど七草の話、春には新じゃが、新玉ねぎ、夏のトウモロコシには子供も大人も摂りたい栄養素を含んでいる事、秋には新顔のキノコ、冬には群馬の下仁田ねぎの魅力など、印象深い回が沢山あります。

また、天候不順などで野菜が高くなって、マスコミがスーパーマーケットにカメラを出し、大騒ぎになる時でも、田村さんは長年の経験と、ご自身の取材に基づいて、現状や今後の見通しを静かに話して下さいました。

番組をお聞きの皆さんはさぞかし落ち着かれたことでしょう。

時折、番組の関係者を集めた親睦会を、局の近所の居酒屋さんで開きますが、そこには様々な人が集まります。田村さんは、こんな場で、スタッフや出演者、聴取者からの電話を受けるオペレーターにも、TBSラジオの偉い人にも、芸人さんにも、新聞記者にも、歌手にも、居合わせた人誰に対しても全く同じ、にこやかでフランクな態度で接して下さいます。

焼酎のグラスを片手に歓談する田村さんの周りはいつも和やかな雰囲気です。自然体の人、朗らかで前向きで、野菜に関しては本当のプロ、そんな田村善男さんのこれまでの蓄積が一冊の本にまとまりました。今、台所を預かる人にとっても、私を含めて野菜のことをもっと知りたい皆さんにとっても大変喜ばしいことと思います。

この本を時折、読み返す事で季節のおかずのヒントと共に食卓の話題も得られることでしょう。そしてたまには以前の『ゆうゆうワイド』のことも思い出して下さい。

さらに現在、毎週土曜日午後3時からTBSラジオで『ゆうゆうワイド土曜日版』を放送中です。こちらもぜひお聴き下さいますように。

刊行に寄せて

陣内貴美子

田村善男さんとは、TBSラジオ『大沢悠里のゆうゆうワイド』で、20年近くご一緒しました。長年のご経験で培われた田村さんの情報の数々は、野菜の意外な特徴を知ったり、新しい種類に出会うなど、驚きと発見の連続でした。

田村さんから学んだのは「野菜の季節を大切にする」ことです。流通網や保存技術の発達、品種改良などで、一年中どこでも代表的な野菜が手に入る今だからこそ、野菜が収穫される時期を正しく認識し、それぞれの食材の特徴や、その季節ならではの調理方法を知ることが、野菜をより美味しく味わうために大事だと教えていただきました。例えば、寒い季節には、甘みが増した冬野菜を使った鍋料理で身体を温め、食欲が衰えがちな暑い夏には、きゅうりやトマトで栄養補給をするなど、美味しくて、理にかなった野菜との付き合い方を楽しく学びました。

おかげ様で大きな病気に罹ることもなく、毎日を健康に過ごせて、野菜がさらに好きになりました。

はじめに

「知らないで食べる」から「知って食べる」ことで、食事の風景は変わります。

時代の流れで、旬を感じて素材から調理をすることが少なくなっているかも知れませんが、丈夫な体を作り、健康寿命を延ばし、豊かな生活を送るためには、運動・睡眠等と共に食生活は大事な要素です。食生活の中で、野菜は肉、魚、乳製品等と同じように大切な品目です。しかし、野菜の摂取量は減少傾向にあり、特に若年層にその傾向が顕著に見られます。

「ホウレン草と小松菜」「キャベツとレタス」「サヤエンドウとサヤインゲン」の区別が出来なかったり、「かき菜って何の葉?」「切干大根ってどんなダイコン?」という問いかけをされたり、ウルイや行者ニンニクなどの山菜類と有毒植物の区別は難しいものの、「ニラと水仙の葉」を間違えて食べ、食中毒を起こしたというような話を聞くことが多くなりました。ほんの一部の人の話だと理解はしていますが、日々口にする野菜のことを余りにも知らない大人がいるということが大変残念です。

私は、築地市場で31年間、合計で46年間の卸売市場経験（セリ人として産地や小売店への情報提供等）や、シニア野菜ソムリエ、『TVチャンピオン』（テレビ東京）の「野菜&フルーツ選手権」優勝者として『大沢悠里のゆうゆうワイド』に出演をさせていただき、その時々の旬な野菜の情報を提供してきました。野菜には、旬の初めで市場でも希少価値で価格の高い「走り」の物や、旬の中の旬で流通量も多く安い「盛り」の物、「終わり初物」とも言われるように名残惜しい「名残り」の物があります。その都度、スーパーマーケットや八百屋さん、時にはデパートなど小売りの店頭を見てまわり、品目・値段をチェックし、産地動向や市場動向を加味して放送品目を選んで来ました。そのような経験から、より多くの生活者の方々に野菜への関心を持っていただけたらと思い本書をまとめました。築地市場の仲卸や買参人の皆さん、全国の生産者の皆さんからご指導をいただき、シニア野菜ソムリエとして、食に関する知識の幅を広げることができ、本日に至っております。

『大沢悠里のゆうゆうワイド』は、平成28年4月に放送開始30周年を迎えた、TBSラジオの長寿番組です。パーソナリティーは大沢悠里さんで、木曜日パートナーは陣内貴美子さんでした。番組内の「悠里のおいしいものをありがとう」というコーナーの中の「奥さんこれが旬ですよ」では、魚・果物・野菜を取り上げていました。その中で「野菜」を担当し、約

20年間にわたり情報提供をさせていただきました。

大沢悠里さんが長い間心がけてきたことは、「ラジオをお聞きの皆さんと同じ目線、同じ気持ちでしゃべる」ことや、「情報を正確にお届けする」ことなど沢山あるそうで、「生は生じゃなきゃ生じゃない」ということもその一つであるそうです。また、番組の中で「人情・愛情・みな情報」という合言葉をよく耳にしましたが、番組全体にその気持ちがにじみ出ていたと思います。ラジオを聴いていたほとんどの方々もそのように感じていたのではないでしょうか。その様な大沢悠里さんの親しみやすい人柄の番組であったから、野菜の情報を解りやすく聞き易く提供出来たのではないかと思っています。


さて、あなたは野菜はうまい、それともまずい、どのように感じているでしょうか？　私達は、視覚、聴覚、嗅覚、味覚、触覚の五感を使い生活をしています。五感には個人差があり、家族や友人とテーブルを囲み同じ料理を食べても全く違う感じ方をすることはよくあることです。

野菜には根、茎、葉、つぼみ、花や実があり、それらを色々な方法を使い食べています。料理を作る時、煮たり、焼いたり、炒めたり、揚げたり、蒸したりする流れの中で味付けをし、生野菜にはドレッシングなどを使います。その料理を食べる時に、素材の味をどれだけ感じられますか？

昭和60年代初め、「おいしい野菜が少なくなった」「なぜ野菜がまずい」ということが話題になった時期がありました。「安定的出荷」「周年供給」等が求められ、耐病性品種の開発に力点が置かれ「食味」は置き去りにされて来たという指摘もありました。

長い時間と距離をかけて食卓に届けられる輸入野菜や、裏の畑で採ったばかりの野菜があります。同じ品目・品種でも育った地域や時期、畑や生産者により味の違いがあります。果物は、客観的な美味しさを、糖度表示などを使い伝えていることが多くなりました。

野菜のおいしさの基準を作り、生活者の選択に役立つようにという取り組みは、かなり以前から行われています。しかし簡単に解決方法は見つかりません。生活者それぞれの「品物を見る目、選ぶ目」の向上が求められ、それは生産者へのより良い刺激になります。誰かが言っていました「ベロメーターを磨く」ことが大切であると。

地域にもよりますが、スーパーマーケットやデパート、地域商店街の食料品小売りの店頭では、カット野菜や冷凍野菜、調理済食品の売り場が増え、多様な生活者のニーズにきめ細かく対応しています。ライフスタイルの変化により食の外部化は進み、生鮮食品の購入が減少していることは、各種統計にも表れています。

平成28年、初の女性都知事が誕生しました。多くの女性の社会進出・活躍は、現状ではまだまだ不十分と言われています。更に進むであろう、女性の社会進出、総人口減少、少子超高齢化、単身世帯・共働き世帯・高齢世帯（高齢単身者を含む）の増加等は、食の外部化の拡大要因として考えられます。地域や年代により差がありますが、素材から料理を作るという食生活は減少の一途を辿り、食の外部化と簡便化志向は確実に進むことが予想されます。

その一方で、小売の店頭では、食べた事もなく、食べ方も解らず、もちろん名前もわからない新野菜というか、珍しい野菜やこだわり野菜などを目にすることが大変多くもなりました。地球上には私達の知らない多くの野菜が沢山あるということを、改めて感じさせてくれます。

そもそも日本原産の野菜と言えば山菜類ぐらいで、ほとんどの野菜は外国から伝来し、長い年月をかけて改良されながら定着したものです。現在の日本では非常に多くの野菜が栽培されていて、生産量が統計で把握されているものだけでも約１００品目あります。

その中で、全国的に流通し、特に消費量が多く重要な野菜は、野菜生産出荷安定法により「指定野菜」（14品目）に定められています。指定野菜14品目は、「だいこん」「にんじん」「はくさい」「キャベツ」「ほうれんそう」「ねぎ」「レタス」「きゅうり」「なす」「トマト」「ピーマン」「ばれいしょ」「さといも」「たまねぎ」です。指定野菜以外で地域農業振興上の重要性から指定野菜に準ずる重要な野菜は、「特定野菜」（35品目）を省令で定めています。指定野菜、特定野菜の他には「その他特産野菜」（44品目）があります。

これらの出荷量を平成24年産で見ると、指定野菜：948万トン（75％）、特定野菜：271万トン（21％）その他特産野菜：54万トン（4％）となっています。

全国主要野菜の収穫量は1300万～1400万トン前後で推移し、輸入量を加えたものが国内で流通・消費されています。指定野菜、特定野菜、その他特産野菜の合計1273万トンは、国内生産量の大部分を占めていることになります。

私達が生きていくためには、欠くことの出来ない「食料」、その食料を作り出しているのは「農業」です。「食」と「農」の距離が遠くなったということが言われ始めて随分経過します。野菜について、知っていそうで知らないことは沢山あると思います。本書を通じて野菜の種類や特徴、栄養価はもちろんですが、北海道から沖縄まで縦長の日本での生産や流通、更には地域の食文化やいわゆる伝統野菜にも関心を持ち、新しい発見をしていただければと思います。

注：「シニア野菜ソムリエ」の資格名が2017年1月より「野菜ソムリエ上級プロ」に変更になりましたが、本書では当時のまま「シニア野菜ソムリエ」と表記しています。

はくさい
岩
はくさい
岩

日本野菜ソムリエ協会
野菜ソムリエ
コミュニティぐんま

目次

一月の旬

七草

七草粥を食べると、そろそろお正月も終わりという気分になると思います。七草粥の材料はご存じのように、「せり」、「なずな」、「ごぎょう」、「はこべら」、「ほとけのざ」、「すずな（カブ）」、「すずしろ（ダイコン）」です。

「せり」は日本原産の野菜。古くから食用とされ、万葉集の時代から盛んに芹《セリ》つみが行われていたようです。「なずな」の別名はペンペン草。「ごぎょう」はキク科の越年草で別名は母子草《ハハコグサ》。「はこべら」はナデシコ科の越年草。「ほとけのざ」は、キク科の越年草で、早春にタンポポを小さくしたような花を咲かせます。「すずな」は、カブの古い名称で、「すずしろ」もダイコンの古い名称です。

「すずな」という名は、形が鈴のように丸いことから「鈴菜」という説がありますが、鳴るほうの鈴ではなくて、金属の錫《すず》に由来しているという説もあります。錫でできた、お神酒などを注ぐ「瓶子《へいじ》」という酒器があり、その丸い形に似ていることからカブを「すずな」というようになったそうです。

一方、同じく「すず」と付いていてもカブとは由来が異なるのがダイコンです。「すずしろ」は、ダイコンの昔の名前で、漢字では「清白《すずしろ》」と書きます。

七草の中でも、柔らかく煮たカブは粥に良く合いますので、これははずせない所です。特に秋から冬にかけてのカブは、実が締まって甘みが増していますので、粥に限らず、煮込み料理にはよく合います。また、昔の総理大臣じゃないですが、「カブが上がる」という言葉もあるくらいで、カブをお正月に食べるのは縁起がいいとも言われますね。

最近では、七種類が一緒にパックされたものが売られていて手軽に七草粥を楽しめますね。パックのものは神奈川県などで多く作られています。寄せ植えになったものもありますが、こちらは東京の江戸川区から年に一回、初荷の頃だけ入荷します。

こうした青菜を入れた粥は、お正月のご馳走続きで疲れた胃をいたわると言われています。おせち料理はたいてい甘辛で味の濃い料理が多いので、薄い塩味の七草粥が美味しく感じられたというのもあるでしょう。

もちろん、七草は栄養面でも理にかなっていると言えます。ダイコンやカブに含まれる消化酵素のジアスターゼは、デンプンの消化を助けますからお餅の食べ過ぎにも有効と思われます。胃酸をコントロールする働きがあるともされるため、胃もたれや胸焼け解消に役立つでしょう。ジアスターゼは生で食べた方が有効に働きますので、七草粥ばかりで無く、漬物やサラダでもたくさん召し上がって下さい。

せりはカロテンを多く含んでいて、神経痛に効果があるとされています。昔はどの田んぼにも生えていたものですが、現在は主に茨城県や宮城県、千葉県などで栽培されたせりが流通しています。独特なクセがあるため、好き嫌いが分かれる野菜ですが、苦手な人は茹でてからほうれん草のおひたしなどに混ぜて食べると、クセはやわらぎ、香りだけ楽しむことが出来ますよ。せり好きな人は胡麻和えや鍋に入れて食べてもいいですね。

ところで、百人一首に「君がため　春の野に出でて　若菜つむ　わが衣手に　雪は降りつつ」という句がありますが、この「若菜」は七草のことを指します。古い時代において七草は、冬場のビタミンCの補給源として貴重な存在であったことでしょう。

カブ

なぜ「カブ」という名前が付いたのか、ご存知ですか？　諸説ありますが、カブの根は丸くて大きいことから、人間の頭に例えられて付いた名前と言われています。頭を振ることを〝かぶりを振る〟といいますよね。この〝かぶり〟からカブです。

日本にはヨーロッパ型とアジア型、二つの系統のカブが入って来たのですが、関ヶ原を境に東と西に分かれて定着しました。東日本ではヨーロッパ型の小ぶりで寒さに強い品種、西日本ではアジアの中型から大型の品種が多く栽培されています。中でも関東で一番おなじみなのは「小かぶ」で、これは葛飾区金町の特産品「金町小かぶ」を改良したものです。

カブは各地に特産の品種があります。赤いカブだけでも滋賀県の「万木《ゆるぎ》かぶ」、山形県の「温海《あつみ》かぶ」、島根県の「津田かぶ」など。赤いカブは漬物やピクルスにすると、一層色が鮮やかになります。

紫と白のツートーンのカブは、最近店頭でもよく見かけるようになった「あやめ雪」ですね。花のあやめに雪が積もったような色合いです。色をいかして皮をむかずに使ってください。肉質が緻密で甘みがあります。「金沢青かぶ」は、塩漬けのブリをサンドイッチして、米こうじに漬けた「かぶら寿司」になります。

日本で最も大型なカブは、京都の「聖護院かぶ」。直径15センチくらいあります。薄くスライスして「千枚漬け」に使われます。一方、細長い形状のものでは、100円くらいの直径しかない滋賀の「日野菜かぶ」、これも漬物に。カブは色々な漬物に使われますね。

ちなみに「野沢菜」も根は太くなりませんが、じつはカブの一種です。元は、天王寺かぶという西日本の大きなカブだったのですが、信州のカブと混ざったのか、厳しい寒さのためか、葉だけが異様に伸びて、今のような野沢菜が出来たようです。


さて、根菜と言われているカブですが、あの白いところはじつは根ではありません。ダイコンの白いところは大部分が根ですが、カブの白いところは根と茎の中間にあたる「胚軸《はいじく》」という部分なのです。では、カブの根は？　と言うと丸い玉の下にちょろっと付いている細かい尻尾です。

実際、畑に植わっている時も、この根は土に埋まっていますが、丸い胚軸の部分はほとんど地上にでています。ダイコンと違って抜く時も簡単です。カブは土を掘って育つ必要がないので、ダイコンに比べて構造が弱く、細胞も小さいために柔らかい。おでんのような長時間の煮込みに入れればカブは煮崩れてしまいます。ダイコンは土の中で虫など外敵に出会うので辛味成分を作って身を守ろうとしますが、カブはそんなこともなく、のほほんと暮らしているので、辛みが少ないのです。同じアブラナ科の野菜ですが、地上で育つのと地下で育つのでは、だいぶ違ったものになるのです。

新鮮なカブは、根の部分の皮のきめが細かく、ツヤがあります。皮に傷や割れ目があるものは、鮮度が落ちています。葉の色が鮮やかで、シャキっとしているものを選びましょう。

葉がついたまま置いておくと水分の蒸発が早いので、購入後はまず根と葉を切り分けます。可能であれば、両方に霧吹きで水をかけてから、ポリ袋などに入れて冷蔵庫の野菜室で保存します。葉はせいぜい2〜3日、根の方は1週間程度。なるべく早く食べきってください。

カブの場合、ちょっと茎を残して料理したいところでしょう。しかし、茎の根元には指も入らないし、土が取れにくい。力を入れると茎が折れてしまいますね。そこで、何か先の尖ったもの、たとえば爪楊枝や竹串で土をかき出すのがいいと思います。もしくは、しばらく水に根元の部分まで浸けておくと、葉が開いて、土をかき出しやすくなります。

カブはアクが少ないので下茹でせずに使える便利な野菜です。そのまま豚肉などと炒めれば立派なおかずになります。白い玉の部分は淡色野菜で、葉のほうは緑黄色野菜に分類されています。白い玉の部分には、デンプンを分解する酵素・アミラーゼが含まれているので、弱った胃の消化機能を助けてくれますよ。
カロテンやビタミンB1、B2、Cなどが豊富な葉の部分は、根よりも栄養価が高いとされています。カルシウムや鉄などの栄養も含み、ほうれん草や春菊並みの立派な葉物野菜ですから、捨てることなく食べましょう。

葉の栄養分は油やタンパク質と合わせると吸収率が高まりますので、炒め物などにするのがおすすめ。豚肉と合わせて中華風に炒めたり、油揚げと一緒に炒め煮にしたり、ベーコンと一緒に炒めてもいいですね。いったん茹でてから細かく刻み、ちりめんジャコや白ゴマと炒めて塩で味付けしても美味しいです。それを御飯に混ぜ合わせて「菜飯」にするのもいいですね。また、葉のほうに多いビタミンの一種・ナイアシンは、アルミールの分解や二日酔いからの回復を助けてくれます。お酒をよく飲む方は、ナイアシンが不足しがちなので、ぜひカブを召し上がってください。血行を良くして体を温める作用もありますから、風邪の予防、冷え対策にもカブをどうぞ。ただしナイアシンは水溶性なので、煮汁ごと摂った方がいいですよ。味噌汁が簡単でいいですね。

ほうれん草

ほうれん草の原産地はペルシャ。今のイランと言われています。そこから中国に伝わったのですが、中国語でペルシャのことを菠薐《ほうれん》と言うそうです。菠薐から伝わったので〝ほうれん草〟と呼ばれるようになりました。また、ほうれん草はペルシャから西へも伝わりました。ヨーロッパに伝わったものを「西洋種」、中国から日本に伝わったものを「東洋種」と言います。

日本へは中国経由の「東洋種」が江戸時代初期に伝わり、ヨーロッパ経由の「西洋種」が江戸時代後期に伝わったとされています。葉が薄くギザギザの切り込みがあるのが「東洋種」。アクが少ないので「おひたし」に向きます。葉に厚みがあって丸い形をしているのが「西洋種」。火を通しても崩れにくいので、「バター炒め」にしても歯ごたえが残ります。現在の日本では、西洋種と東洋種を交配させたものが主流で、純粋な東洋種は山形県などで一部栽培されているだけになりました。

さて、近年は「ちぢみほうれん草」という非常に甘みのあるほうれん草を見かけるようになりましたね。普通のほうれん草との違いは、寒さに当てて育てるところです。東北では「寒じめほうれん草」の名前で呼ぶところもありますね。真冬の時期にハウスで出荷出来るくらいまで大きく育てたら、ハウスのすそを上げて徐々に外の寒さにあてて育てるのです。長いもので2週間以上、冷たい外気にさらして栽培します。

ほうれん草は生のまま冷凍庫に入れると、葉の中の水分が氷となって体積が増えるので細胞が壊れ、解凍するとぐちゃぐちゃになってしまいますね。しかし生きているほうれん草の場合、凍ってしまってはいけないと体内に蓄えていたデンプンを糖に変えて、身を守るのです。水分は零度で凍りますが、糖は氷点下になっても凍結しないので、細胞を守ることが出来ます。糖が不凍液の役目を果たすわけです。そして寒さに負けじと、どんどん糖分を増やしてくれるのです。ですから、甘いちぢみほうれん草（寒じめほうれん草）が食べられるのは、11月後半から2月いっぱいまでです。

ほうれん草は今や一年中出回っていますが、元々の旬は冬。寒い時期に採れるものは夏に採れるものと比べて、ビタミンCで3倍から、それ以上の違いがあるそうです。栄養としては、ビタミンCの他、カロテン、ビタミンB1、B2、K、鉄分、葉酸が多く含まれています。

「葉酸」はホウレンソウから発見された成分で、ビタミンB群の仲間です。タンパク質の生成に関わっていて、妊娠中の方は特に積極的に取るように指導されていると思います。葉酸が不足すると悪性貧血になるとされていて、厚生労働省は1日あたり200マイクログラムが必要としています。これはほうれん草3株程度でまかなえる量です。最近では、葉酸は認知症や脳梗塞などを予防するという研究もあり、注目されている栄養分です。

ほうれん草に「鉄分」が多いのはみなさんもご存知ですね。牛レバーに匹敵するほど鉄分を多く含んでいます。レバーが苦手な人はほうれん草で鉄分を補給してください。鉄分の吸収を助けるビタミンCも豊富ですから、一石二鳥です。

葉先がピンとしてみずみずしく色つやがよいものが、いいほうれん草ですね。葉が黒ずんだり黄ばんだりしているものは鮮度が落ちています。茎は太すぎず、かつしっかりしているものを選びます。茎の根元はきれいな赤い色をしているものがおすすめです。見分け方をまとめると、「茎見れば　太すぎなくて　葉はピンと　みずみずしくて　根元　赤色」です。

長くもたせるには、湿らせた新聞紙に包んでポリ袋に入れ、葉から水分が蒸発するのを防ぎます。

そして冷蔵庫に立てて入れます。葉物野菜は、土に立って育っているため、収穫した後も横にしてしまうと立ち上がろうとして無駄なエネルギーを消費してしまうのです。ほうれん草の場合、立てておいたものに比べて横にしておいたものは、一日で15％から30％も余分に鮮度が落ちるといいます。

また、上手に冷凍すれば半年くらいもちます。1分ほど湯がいてから食べやすい長さに切り、ラップやビニール袋などで小分けにして冷凍してください。使うときは凍ったまま味噌汁などに入れて温めます。こうして保存したものは、ビタミンCも10％程度しか壊れていないということです。

コラム　市場考 ①

築地市場のはじまり

昔から人の集まるところには市が開かれてきた。人・物・情報が集まり、地域の発展とともに市場も発展してきたのだ。1200 年前の平安京朱雀大路に位置している由緒ある市場「京都市中央卸売市場」は、昭和２年開場の日本一古い歴史がある。大正 12 年３月に「中央卸売市場法」が可決し、11 月１日に施行された。大正７年の米騒動がきっかけであったと言われている。

「東京市中央卸売市場」の開設は、関東大震災（大正 12 年９月１日：日本橋魚河岸は全焼）後の帝都復興事業の一環として計画され、「本場」を築地海軍省用跡地、「分場」を神田秋葉原駅付近および本所区被服廠《ひふくしょう》跡に設置するとされた。

当初、「築地本場 青果部」に収容された卸売人は、「東京中央青果」および「京橋日東青果」であった。この二社の前身は「京橋青果市場組合」である。「東京市中央卸売市場 築地本場」の源流は、じつは京橋のいわゆる「大根河岸」にあったのである。京橋は、日本橋とともに徳川家康が慶長年間に架設したもので、日本橋を経て京に向かう最初の橋ということからその名がつけられた。現在、その京橋の橋際には「京橋大根河岸青物市場蹟碑」が建っている。

市設築地市場（大正 12 年 12 月２日から築地で業務開始）は、東京市中央卸売市場開設までの暫定的建物で、木造平屋建て一部二階建てで、問屋及び仲買の店舗は奥行き五間半、長さ十五間ないし十七間を一棟としたものであった。この頃、買い出し人は魚商、料理店、飲食店、すし屋、そば屋、弁当屋、仕出し屋、棒手振《ぼてふ》りなど１日２万人～２万５千人で、遠方では前橋、高崎、水戸からも来ていたという。

あなたはいくつ読めますか？

野菜・果物編

（答えはP.146へ）

・蕪	・青梗菜	・蓮根	・豆苗
・蕃茄	・韮	・苺	・山椒
・冬瓜	・茗荷	・西瓜	・銀杏
・白菜	・蕗	・実芭蕉	・体菜
・菠薐草	・牛蒡	・蔓菜	・壬生菜
・芹	・鰐梨	・山葵	・辣韮
・生姜	・胡瓜	・萌やし	・蔓菜
・筍	・玉葱	・蓬	・玉菜
・人参	・芥子菜	・陸鹿尾菜	・柚子
・玉蜀黍	・大蒜	・真菰筍	・花梨
・南瓜	・独活	・蕨	・橙
・甘藍	・土筆	・明日葉	・金柑

二月の旬　ナバナ

「菜の花」はアブラナの一種で、花が咲く直前を食用にした菜の花のことを、特に「ナバナ」と言います。日本にアブラナが入ってきたのは弥生時代とされ、江戸時代には、なたね油を採るために栽培されていました。与謝蕪村の句で「菜の花や　月は東に　日は西に」というのがあります。江戸時代中期に作られていますので、この頃、盛んに作られていたのでしょうね。

明治時代に入ると、それまでの和種と呼ばれる在来種に加えて西洋種も入って来ました。それ以来、油を採るのはこの西洋種に移り、和種のほうは「菜の花」と呼ばれて観賞用になったわけです。

観賞用の菜の花の産地だった千葉の館山や千倉の農家では、菜の花のつぼみを相当以前から食べていたそうです。昭和30年代の前半に、つぼみばかりを束ねて食用として出荷したのが野菜として流通するナバナの始まりだと言われています。昔はこの菜の花を若採りしたものだけを「ナバナ」と呼んでいましたが、最近は小松菜や白菜など、他のアブラナ科のつぼみも含めて、そう呼ばれることが多くなりました。

ちなみに、丈が短くつぼみがついたタイプが和種。千葉で採れるのがこれです。丈が長めで主に茎と葉を食べるのが西洋種。北関東で良く作られる「かき菜」や、西多摩地方の「のらぼう菜」も西洋種です。「のらぼう菜」は元々の名前を「闍婆菜《じゃばな》」と言い、インドネシアのジャワ島を経由してオランダの交易船が持ち込んだ西洋種とみられています。他の西洋種に先駆け江戸時代初期にはすでに栽培が始まっていたそうです。耐寒性に優れていて、天明や天保の大飢饉から人々を救ったとも言われています。

「八百屋さんで買ってきた菜の花は、放っておくと黄色い花が咲きます。ということは、花屋さんで買った菜の花も食べられるんでしょうか」と質問を受けたことがあります。観賞用の菜の花も食用のナバナも元は同じものですが、食用のものは、苦みやアクを少なくするなど大幅に改良されていて、茎も観賞用より柔らかくなっています。ですから、観賞用を茹でても、固くて苦くて美味しくないでしょう。観賞用の菜の花は4月頃見頃を迎えますが、食用のナバナの旬は冬から春先にかけて。12月から3月頃まで出回り、2〜3月が出荷のピークです。

さて、女性に対して若さが失われてしまったという意味で使われる「トウが立つ」という表現がありますね。このトウとは野菜の花のつぼみのことです。一般的に、野菜は花のつぼみが付く時期まで成長させると葉が固くなり、食べ頃を過ぎてしまうことに由来しています。しかし菜の花などは例外で、そのトウこそが美味しいわけです。あの独特のほろ苦さは大人にしかわかりません。菜の花は食べる側もトウが立ってからでないと、良さが理解出来ない野菜なのかもしれませんね。

栄養面では、ビタミンやミネラル類が豊富で、特にビタミンCは野菜の中でもトップクラスです。例えば、ビタミンCが豊富なパセリが100グラム中120ミリグラムなのに対し、和種のナバナでは130ミリグラムも含まれます。しかもパセリを100グラム食べようと思ったら大変ですが、ナバナ100グラムなら簡単に食べられる量ですよね。

他には、粘膜を強くして風邪などを予防するカロテンが豊富です。カルシウムと鉄分の含有量も野菜の中でトップクラス。ビタミンB群も多く、体内で糖を燃やしてエネルギーに変えてくれます。御飯など炭水化物が好きな方は、菜の花のおかずを一緒に食べるといいかもしれません。また、カルシウムはほうれん草のおよそ3倍も含まれていますので、歯や骨の健康のためにも、ナバナをどんどん食べて下さい。

ナバナは、つぼみが小さければ小さいほど良い品でゴマ粒くらいのがいい。茎は太くてエンピツくらいあるもので、切り口がみずみずしく、中まで鮮やかな緑色のものを選ぶといいでしょう。芯の中心が白っぽくなっているものは鮮度が落ちています。

調理する時は、真ん中あたりで二等分して、太い茎のほうから入れ、時間差でつぼみの付いている細い茎のほうを入れると均等に火が通ります。ナバナは茎の太さのわりに早く火が通ります。茹で時間の目安は、先に入れた太い茎は1分30秒、つぼみのほうは半分の45秒くらいでいいと思います。

さっと茹でたものを、からし和えやわさび和え、赤貝と合わせて酢味噌和えでいただくのもよろしいですね。香りを楽しみたい時は、生のまま天ぷらにしてもいいですね。

和食に使うことが多いと思いますが、パスタの具にも使ってみて下さい。イタリアでは蕪(これもナバナの一種)のつぼみである「チーマ・ディ・ラパ」という野菜をよく使うそうです。

ウド

「野生のウドと、山ウド、ウドはどこが違うのでしょうか」といった質問を受けることがあります。元々は、山に自生している野生のウドを「山ウド」、そして光を当てずに白く柔らかく栽培したウドを「ウド」と呼んでいました。

しかし今では、野生のウドではなく、栽培したウドに出荷前に光を当てて葉先を緑色にしたものを「山ウド」と呼んでいます。白い「ウド」に比べて香りと風味が強く、苦味やアクも多めですが、そこがいい、という方に人気です。

白い「ウド」と区別するために、葉が緑のウドを誰かが「山ウド」と言い出したのでしょうね。というのも野生のウドは、採れる量が少なくて、とても街の八百屋さんまで出回るものではありません。店に野生が並ぶことはないから、栽培したものでも「山ウド」でいいかな、ということになったのでは?と想像します。畑で育てたなら「里ウド」など別の呼び方にすれば、まぎらわしくならなかったのかもしれませんね。

「野生のウド」は北海道から九州まで全国の山に自生しています。葉だけでなく茎まですべて緑色をしていて、独特の香りと風味が強く感じられます。ただしアクも強いです。収穫できる時期は非常に短く、3月頃に南九州から始まり、本州中部では4月、東北では5月から6月初旬頃までしか採れません。

ハウス栽培による「山ウド」は、根元にオガクズやモミガラを使って土寄せして育てられ、11月から5月ごろまで出回ります。ウドの栽培は、一説には平安時代から京都で行われていたそうです。当初は今でいう「山ウド」が作られていました。山で取って来た野生のウドから増やしていったそうで、平安京の貴族たちが食べていたと言われています。この頃は、野生でも栽培したものでも区別せずに「ウド」と呼んでいたのでしょう。関東では江戸時代の後期に、現在の東京・武蔵野市周辺から栽培が始まり、江戸っ子は初ガツオと同じように初物を競うように買ったそうです。

真っ白い「ウド」の栽培方法が確立したのは戦後の事です。武蔵野市で高橋米太郎という人が、戦時中に穴蔵での栽培法を試すようになって、試行錯誤の結果、昭和26年の1月に市場に出荷しました。それまでの土をかぶせたりする方法より一ヶ月も早く出荷した上に、高橋さんのウドは土がついてなく、まっすぐに育っていたので、高値がついたということです。

この方法を仲間に伝授していった結果として、北多摩一帯がウドの大産地となりました。
ウドの原産地は、中国、朝鮮半島、日本を含む東北アジアなので、野生のウドはこの一帯に生えているはずですが、栽培までしてウドを食べているのは日本と韓国くらいのようです。韓国では、辛い味噌で和えたり、小麦粉を溶いてウドのお焼きにしたりするそうです。

目立った栄養素はカリウムくらいで、決して栄養豊富な野菜というわけではありません。ただ、ウドなど春の山菜が持つ独特のほろ苦さには、抗酸化力の高いポリフェノール群が豊富に含まれていて、冬の間に体に溜まった老廃物や脂肪を外に出してくれる作用があるとされています。また、ウドの独特の香り成分が自律神経に働いて、疲労回復や不安定な気分を落ち着かせる作用があるとも言われています。

栽培された白い「ウド」は、全体に色白で、うぶ毛が痛いくらいに生えていて、太くてまっすぐ伸びているものがよいもの。「山ウド」のほうは、緑の芽がみずみずしいかどうかもポイントです。
光に当てると固くなりますので、購入後は新聞紙に包んで涼しいところで保管してください。冷たさに弱いので、冷蔵庫でなく常温で。3、4日もちますよ。もっと長く保存したい時は冷凍が便利です。使う状態に切って、酢を入れたお湯でさっと茹で、水気を切って冷凍します。そうすると、一ヶ月ほどもちます。使う時は自然解凍してください。

調理法としては、「酢のもの」や「和えもの」、味噌汁など汁ものの具、煮物が一般的です。「青柳《アオヤギ》とウドの酢味噌」なんて季節の味ですよね。白い「ウド」はアクが少ないのでサラダもおすすめで、豆板醤等でピリ辛にしたドレッシングが合います。天ぷらや、肉を巻いて焼けば、ボリュームのあるおかずになります。また魚の生臭さを取る働きがあるので、ウドを煮魚の横に入れておくといいですよ。そのウドもつけ合わせとして食べられます。

さて、ウドは夏まで放っておくと、高さが2〜3メートルにもなります。ただしこうなると固くて食べられません。大きいばかりで役に立たないという意味を持つ「ウドの大木」はここに由来しているようです。あまり有名ではありませんが「ウドとニシン」という言い方もあります。ウドとニシンを会わせて酢の物にすると美味しいことから、似合いのカップル、夫婦仲が良いことを指すようです。

タアサイ

「昔から見かけていたのですが、買ったことのないのがタアサイです。緑が濃くてクセがありそうな気がするのですが、正直なところどんな味なんですか？」と質問を受けることがありました。

「タアサイ」は、中国の中部が原産で白菜の仲間です。濃い緑色をした見かけから、クセがありそうで、しかも固そうだと思われがちですが、それはまったく逆です。炒めるとチンゲン菜に似たクセのない味がして、繊維が少ないため食感はとても柔らかです。見かけで損をしている野菜なのかもしれませんね。

日本名の一つは「如月菜《きさらぎな》」と言うくらいで、2月、3月が旬です。夏にも採れますが、成熟してから冬の寒さにあたると、甘みが増して美味しくなります。

タアサイのタアは中国語で「押しつぶされた」という意味だそうです。寒さにあたったタアサイは、冬のタンポポの葉のように、地面にペタッと張り付きます。この状態を見て名づけたのでしょう。

日本での歴史は意外と古く、戦前には既に栽培されていたようです。北関東から東北地方にかけては、如月菜のほか「ひさご菜」「ちぢみ雪菜」という名前でも呼ばれています。チンゲン菜に押されて、一時期は消費量が減少しましたが、その後持ち直してもいます。タアサイの持ち味が見直されてきたのだとも思いますね。

栄養面では、カロテンの含有量が抜群で、中国野菜の中では一番豊富です。またカルシウムも多く含まれていますね。美肌効果もありますし、粘膜を保護して風邪予防にもなりますし、骨も丈夫になる、なかなかスグレものの野菜なのです。日本でももっと食べていただきたいですね。

タアサイを購入する時は、葉に細かいしわが多くて、緑色が黒っぽいくらい濃く、ツヤがあるものを選ぶと良いでしょう。

中国では冬の野菜の代表格として人気とのこと。炒め物、スープの具として盛んに使われているようです。クセが有りませんから、お浸し、和え物、煮物、鍋物に加えてもいいですね。シャキッとした歯ごたえを残したい時は、高い温度でさっと加熱するのがコツです。炒める時は鍋を良く熱してから入れてください。

レタス

ここのところ、「レタス」は様々な種類が店頭に並ぶようになりました。まず形によって大きく4種類に分けられ、おなじみの丸く結球した「玉レタス」のほか、「葉レタス」、「立ちレタス」、「茎レタス」があります。

それぞれに代表的な品種をあげると、玉レタスは一般的に「レタス」として売られているおなじみのタイプの他に「サラダ菜」などもこれにあてはまります。

葉レタスは丸く結球しないタイプのレタスで、葉の先が赤紫色の「サニーレタス」、葉に細かい縮みが入っている「グリーンリーフ」などがあります。一枚一枚の葉があまり大きくなくて、可愛らしく縮れている「ブーケレタス」という種類も最近よく目にするようになりましたね。一つの株が、まるで花嫁さんが持つブーケのように見えることから、この名がついたそうです。この「ブーケレタス」を作ったのは「葉っぱや」という会社で、名前を決めるにあたって最後まで争っていたのが「フリフリレタス」だそうですから、その形の想像がつくと思います。葉の形がユニークですので、サラダにすると、お花畑のようなきれいなものが出来ると思います。

立ちレタスは、縦長の葉がゆるく結球して白菜のような形をしているもので、シーザーサラダに使われる「ロメインレタス」が代表格です。かすかな甘みと苦みがあって、コクのあるチーズ系のドレッシングに良く合いますね。葉がしっかりしているので、サラダだけでなく、炒め物やおひたしなど火を使う料理にも向きますので、一度お試しください。

茎レタスは、木の幹のように茎が長く伸びて、その先から生えてくる葉をかき採って使うものです。代表格は焼き肉を巻くサンチュです。パックで売られているサンチュは、茎がなく葉だけが重ねてありますよね。一般的にレタス類は熱に当たるとしおしおと柔らかくなるのですが、サンチュは熱に強いという特徴があります。そのため熱い焼き肉を巻いてもシャキシャキした食感を保てるのです。

レタスは地中海沿岸から西アジアが原産で、日本に入ってきたのは古く、奈良時代と言われています。ただしこれは、今のような玉レタスではありません。結球しないタイプのものです。実際、戦前までレタスと言えば、ほとんどが今で言うロメインレタスのことだったそうです。「チシャ」と呼ばれて八丈島で栽培されていたそうですよ。戦後、進駐軍が入ってきて、アメリカ人が良く食べる玉レタスの需要が一気に高まったことから、こちらに取って代わられたわけです。日本で庶民が食べるようになったのは食事が洋風になってきた1960年代からです。

栄養価は品種によって少しずつ異なり、サラダ菜とサニーレタス、グリーンリーフが比較的優れているようです。ビタミン類も多く、カロテンは玉レタスの10倍もあります。これは活性酸素を抑え、老化防止・風邪予防にも効果があると言われます。

全般的にレタス類は水分が多いので、すごく栄養価が高いとは言えませんが、ビタミンC、若返りのビタミンと言われるビタミンE、そしてカリウム・カルシウムなどのミネラル類もまんべんなく含まれています。カリウムは体内の余計な塩分を排出してくれますから、高血圧予防になりますね。

レタスを選ぶときのポイントは、葉にツヤがあって、緑色の濃いものが味も栄養価も高いです。サニーレタスは、葉の先の赤い色が鮮やかなものがいいですね。サラダ菜は、葉が大きくて破れたり、傷がないものを選ぶといいでしょう。

三月の旬

ホワイトアスパラガス

「近くのスーパーで、生のホワイトアスパラガスを売っていました。昔は缶詰しかなかったのに、なぜ最近、生が売られるようになったのですか?」という質問を頂きました。

確かに　少し前まではホワイトアスパラガスと言えば缶詰だけでした。ホワイトアスパラガスは、日光に当たると色がついてしまったり、日持ちがしないので、流通しやすくするために缶詰にしていたのです。当時でも生のホワイトアスパラガスの流通は多少あったのですが、昭和30年代にグリーンアスパラガスが出てくると、緑黄色野菜ブームが追い風となり、後発のグリーンアスパラガスのほうが売れるようになりました。

ドイツなどヨーロッパでは、アスパラガスというと主にホワイトアスパラガスを指すくらいで、明治時代、最初に北海道に持ち込まれたときもホワイトアスパラガスが栽培されていました。

ホワイトアスパラガスをつくるには、色白に仕上げるため成長にあわせて土をかぶせる「土盛り」をする必要があります。ある時、この土盛りを忘れた長野県上田市の農家がいて、緑色になってしまったアスパラガスを出荷しました。これがグリーンアスパラガス登場のきっかけです。そう、ホワイトとグリーンの違いは、品種の違いでなく栽培方法の違いなのです。

ホワイトアスパラガスは、土寄せだけでなく、掘り出す手間もかかりますし、陽に当たらない分だけ成長も遅くグリーンアスパラガスの3倍もの栽培期間がかかるという難点もあります。そして、ホワイトアスパラガスはあっという間にグリーンアスパラガスに主役の座を追われたわけです。

しかし昨今、流通体制が整ったことや、土を盛るのではなく光を遮るシートを使うなど栽培の手間が減ったこと、イタリア料理やフランス料理のお店などでホワイトアスパラガスの美味しさを知る人が増えたことなど、様々な理由から、生のホワイトアスパラガスがスーパーにも並ぶようになりました。産地も、北海道ばかりでなく、九州や四国にも広がっています。

ホワイトアスパラガスには、独特の香りと、甘み、うまみ、ほろ苦さがあり、グリーンとは違った味わいがあります。しかし栄養的には、日光に当たらないためグリーンアスパラガスにはある豊富なカロテンがほとんどなく、ビタミンCなども少ないです。栄養価を求めるならグリーンアスパラガスのほうがおすすめですね。ただどちらにもアスパラギン酸と言うアミノ酸が含まれます。これは疲労回復に効果があるとされます。また、穂先にはルチンという成分が含まれます。この成分は日本蕎麦に多く含まれるもので、血管を丈夫にするということです。

料理の仕方もグリーンとホワイトでは少し異なります。生のホワイトアスパラガスを茹でるときは、まず根元を一センチほど切り落とし、皮むき器で穂先の少し下から根元まで皮をむきます。根元のほうは固いので、厚めにむくのがコツです。むいた皮にいい香りがあるので、茹でるときは、その皮と、塩、白く仕上げるためにレモン汁か酢を入れた熱湯で5分ほど茹でます。火を止めて、お湯に入れたまま15分ほど蒸らせばできあがりです。温かいまま、マヨネーズやドレッシングで食べてください。ヨーロッパのように茹で卵と合わせて食べるのもいいですね。

良いアスパラガスを見分けるには、ホワイトもグリーンも穂先が締まって傷んでいないもの、まっすぐなもの、みずみずしくて乾いていないものを選びましょう。グリーンアスパラガスについては緑色が鮮やかなものがおすすめです。

横にして保存しますと、アスパラガスは上に伸びようとして穂先が曲がってしまうことがあります。牛乳パックなどを利用して必ず立てて保存しましょう。

じゃがいも

「新じゃが」とは、元々はその産地でその年に最初にとれた新物のことでした。明確な定義はなく、関東では春先から出回る九州産の「貯蔵していないじゃがいも」を「新じゃが」と呼び、大産地・北海道では9月、10月頃に採れるものを「新じゃが」と呼んでいます。

春先に出回る九州産の「新じゃが」は、おなじみの「男爵」などではなく「デジマ」や「ニシユタカ」といった品種が多いですね。成長しきる前に掘り出すため小粒で、長く貯蔵していないので皮が薄くてやわらかく、水分が多くみずみずしいのが特徴です。

皮に一種独特の味がありますので、それをいかしたい時はきれいに洗って皮をむかずに調理するといいですね。もし皮が気になるようなら、包丁の峰でこそげ落とすか、すり鉢にこすり付ける、またはそのまま下茹でしても、簡単に皮を剥くことが出来ます。

日本人はことに「新じゃが」が好きなようです。フレッシュな土の匂いがいいのでしょうね。じゃがいもを良く食べるヨーロッパの人たちは、新じゃがではなく、完熟で収穫してから保存して、ホクホクした食感と甘みが最高潮に達したものを好むようです。同じように日本でも、貯蔵してうまみが増した普通のじゃがいも、いわば『古《ふる》じゃが』のほうがお好きな方が多数派ではあります。じゃがいもは収穫して、適当な温度で数ヶ月保存すると、デンプンが糖化して旨みが増すのです。メインに食べるのはこちらで、『新じゃが』は季節の味として楽しむものなのでしょう。

ドイツやアイルランド、ポーランドなどでは一人年間100キログラム以上、アメリカでも50キロ以上食べるそうですが、日本ではおよそ14キログラムだそうです。

もっともヨーロッパでも最初から人気だったわけでなく、飢饉の時でも栽培が広がらなかったようです。そこで18世紀のフランスで、バルマンティエという植物学者が一計を案じました。試験農場でじゃがいもを作り、「これはとても貴重で美味しいものだ」と触回り、昼間は警備を厳重にして、夜はわざと手薄にし、皆に盗ませることでじゃがいもの味を広めたのだそうです。この功績を讃え、今もフランス料理のメニューで「バルマンティエ風」と名がつくのは、じゃがいも料理のことです。

さて近年では、「男爵」や「メークイン」でない、色々な品種のじゃがいもが出回るようになりましたね。例えば、「キタアカリ」は、男爵の血をひき、やはりホクホクしています。「さやか」は、あっさりした味で煮物向き。デコボコが少なくて皮がむきやすいのが特長です。「シンシア」も、卵形で皮がむきやすい。煮崩れしにくくて甘みが強く、フランス生まれだけあって洋風のシチューなどに向きます。「インカのめざめ」は、中が黄色いじゃがいもで、栗のようにホクホクしています。新顔のじゃがいもの中でも注目株ですね。長く煮る「おでん」にも向きます。「十勝こがね」は冷めても味が良いという点で評判です。煮物にも向きます。「インカレッド」は、皮も肉も赤。淡白な味で煮崩れしにくいです。「インカパープル」と共に、抗酸化作用があるポリフェノールを含みます。家庭料理が多様化したことで、「料理によってじゃがいもを使い分けたい」という消費者の声に答えた結果だと言えますね。

じゃがいもの栄養で特徴的なのは、みかん並に豊富に含まれているビタミンCがデンプンに包まれて保護されていることでしょう。保存している間も減りにくいですし、煮たり茹でたりしても壊れにくいというよさがあります。特に「新じゃが」にはビタミンCが豊富に含まれているのだそうです。

体内の余分な塩分を外に出してくれるカリウムも豊富。ナイアシンという成分も多く、これはアルコールを分解し、二日酔いの予防に効果があると言われています。おつまみにじゃがいもの煮付けやポテトサラダを取るといいかもしれませんね。また、超アルカリ性食品で、血液や尿の酸化を防ぎ、尿酸が増えないように働くため、通風が心配な方にもおすすめです。

なお、じゃがいもはデンプンが主体ですが、100グラム当たり76キロカロリーですから、御飯の半分しかありません。満腹感がある割には低カロリーです。

選ぶ際は、皮に色ムラがなく、傷もなく滑らかな肌をしているものがいいでしょう。発芽しているもの、大きすぎるものは中に空洞があるかもしれないので避けましょう。

さて、新じゃがに話は戻りますが、味があっさりしている分、油っ気を補ってやると美味しくなります。一番は皮ごと「丸揚げ」でしょうか。塩や粉チーズを振っておやつにもおつまみにもなります。

煮物にする時も、一度油で揚げるか、炒めてから煮た方が美味しくなります。「古じゃが」より味が染みにくいので、まず調味料の半分を入れて煮て、ある程度煮えたら残りを入れる、というように分けて味付けすると染みやすいようです。

ニラ

「ニラ」という名前は、「おいしい」という意味の古い言葉「美良《ミラ》」が変化したものと言われています。原産地の中国から9世紀に日本へと伝わったとされ、「古事記」や「万葉集」に薬草として登場します。しかし、日本人がニラを一般的に食べるようになったのは昭和30年代からです。中国料理が身近になって家庭の食卓にのぼるようになり、大衆野菜になりました。

購入する時は、葉は淡い緑色で肉厚のもの。切り口は乾燥していないものを選んで下さい。葉先が枯れていたり、たれているのは鮮度がよくないものでしょう。

また、ニラは傷みやすい野菜の代表選手です。出来れば買ったその日に使い切ってほしいのですが、余らせるという話も良く聞きます。冷蔵庫での保管は、葉先を折らないように気をつけてペーパータオルでくるみます。その上からラップでピッタリ包んで立てておきます。葉を折るとそこから傷みますし、冷蔵庫のなかがニラ臭くなりますからご注意ください。

どうしても食べ切れない時は、洗って水気をしっかりと拭き取り、食べやすい長さに切って密閉できる器や袋に入れれば、冷凍保存も可能です。使う時は冷凍のまま炒め物やスープに入れるだけの手軽さです。

たくさん食べたい時のおすすめは「おひたし」です。春のニラは柔らかくて、匂いも控えめなので上品なおひたしになります。丁寧にやるなら根元をタコ糸でしばってから茹でると、切り揃える時、美しく仕上がります。醤油をかける時にカラシを加えてもアクセントがつきます。一緒に茹でたエノキや、魚焼きグリルで焼いたシイタケを千切りして混ぜると、食感に変化があって飽きずに食べ進められますよ。また、茹でた後、刻んで納豆に混ぜても美味しいです。

ニラの匂いの成分・硫化アリルは、ビタミンB1の吸収を助ける働きがあるので、「ニラレバ炒め」のように、よく肉類と合わせます。納豆もビタミンB群が豊富なのでニラと相性がいい組み合わせなのです。硫化アリルは血行を良くして、体を温めてくれて胃腸の働きも助けます。この成分は根元の白い部分に多く含まれるので、完全に切り捨てないようにして下さい。

生のままみじん切りにして、ひたひた量の醤油に漬けて「ニラ醤油」にしておくと一ヶ月くらい日持ちします。塩分が気になる人は、お酒やみりんで割ったりお酢を入れてもいい。

ここに顆粒だしやゴマや鷹の爪を入れて複雑な風味にすることもできます。

このニラ醤油は、冷や奴、湯豆腐、炒め物や豚しゃぶのつけダレに。白い御飯にのせたり、玉子かけ御飯にも合います。納豆に混ぜたり、炒飯を作る時の味付け、ラーメンにのせてもいい。お湯で溶けば「即席お吸い物」にもなる万能調味料です。

ニラは、風邪の予防や回復期にも良いので、前述の即席お吸い物や、「ニラがゆ」、「ニラぞうすい」もおすすめです。


さて、緑色をしたニラの他に「黄ニラ」という種類もあります。黄ニラと緑のニラは、育て方が違うだけで、じつは同じ品種です。緑のニラを栽培して株が大きくなったら、茎の下の方を残して刈り取り、次に出てくる芽を黒いビニールシートなどで日光を遮りながら育てることで、黄ニラが出来るのです。緑のニラと違って軟弱なので、温度や湿度の管理が悪いと腐りやすく、栽培が大変です。収穫後も日光に当たると緑色になってしまうので、輸送するにも特別な管理が必要になります。そのように手間がかかることから、価格は一般的な緑のニラの4倍ほどです。

以前は入荷したものはすべて高級店に行くような野菜でしたが、最近は一部の小売店でも見かけるようになりました。ちなみに黄ニラはその7割ほどが岡山県で作られています。3月は雛祭りでちらし寿司を作るお宅も多いと思いますが、岡山では黄ニラをさっと茹でて、ちらし寿司に乗せたりするそうです。甘くて香りが穏やかな黄ニラだからこそ出来る料理ですね。

つぼみの付いた「花ニラ」というのもあります。葉を食べるニラと違って、「花ニラ」は茎を食べるニラです。こちらは、緑のニラとは種類も違い、花のついた茎がトウ立ちするのが早い品種が使われています。独特の歯ごたえがあって、香りも柔らかいですね。逆に葉は固すぎて商用に向きません。

新玉ねぎ

一般的な「玉ねぎ」は収穫しておよそ一ヶ月、乾燥させて貯蔵しています。そのため茶色の薄皮が何枚か表面を覆っています。春先に出回る「新玉ねぎ」は、取ってすぐに出荷されたもので、まだ柔らかい皮がついています。水分が多くて、柔らかく、辛みは少なくて甘みが強く、サラダなど生で食べるのにピッタリな野菜です。お子様でも食べやすいと思います。

玉ねぎには「硫化アリル」という、血液が凝固するのを遅らせたり、血液中の脂質を減らす働きがある成分が豊富に含まれ、それで「血液がサラサラになる」と言われたりします。さらに殺菌作用やビタミンB1の吸収を高める働きもあります。ビタミンB1が多い豚肉などと一緒に料理すると、新陳代謝が促進されるそうです。

この「硫化アリル」は玉ネギの辛さや刺激の正体とされますが、火を通すと今度は甘み成分の「オリゴ糖」に変わります。これは、腸内の善玉菌を増やして、腸の働きを正常に保つのに効果があるとされる成分です。ただし「新玉ねぎ」の場合は、あまり長い間加熱すると溶けてしまうので、さっと火を通すようにしてください。それでもすぐに甘くなります。

玉ねぎを刻むと涙が出ますが、これも硫化アリルのせいです。これを防ぐには、玉ねぎと包丁を冷蔵庫で冷やしておいてから刻むといいですよ。

「硫化アリル」の働きをいかしたい時は、加熱せずに生で食べると効率的です。しかし、水にさらした場合は成分が溶け出してしまいますので、辛みが少なくて水にさらさずに生で食べられる「新玉ねぎ」は、生活習慣病が気になる方にはおすすめの野菜です。

新玉ねぎの「オニオンスライス」に、かつお節と醬油かポン酢をかければ、一杯飲みたくなっちゃいますね。サラダやマリネにもいいですし、市販のドレッシングに玉ネギのすりおろしを入れると、ひと味おいしくなります。また、一般的な玉ねぎと同じように肉料理に合います。新玉ねぎの味噌汁もうまいです。

また新玉ねぎの一種の「葉付き玉ねぎ」も、春先には流通しています。これは玉ねぎの玉が完全に大きくなる前に、青ネギのような葉を付けたまま収穫したものです。緑の葉の部分は青ネギとして美味しく食べられます。茹でてヌタにしたり、肉などと合わせて炒め物にしても、甘く柔らかくて美味しいです。白い玉の部分は、新玉ねぎですからスライスして、緑の部分は細かく刻んで合わせると、さわやかな色合いのオニオンスライスになります。また、新玉ねぎ部分、青ねぎ部分、両方を「すき焼き」に入れても美味しいです。両方の甘さを楽しめる、四国の人が特に大好きなメニューです。

「新玉ねぎ」を選ぶ際のポイントは、皮が白く、首がしまっているものがいい品です。普通の玉ねぎもそうですが、持った時、ふかふかと柔らかすぎる部分がある物は傷んでいる可能性があります。芽が出ているのもダメです。

「葉付き玉ねぎ」は葉が緑色でピンと立っているものが新鮮です。ちなみに、一般的な「玉ねぎ」を選ぶときは、茶色い皮が良く乾いたツヤのあるものを選びます。お尻についている根が長いものは古くて、味も香りもよくありません。

目ききの歌です。「玉ねぎは〜　茶色の皮にツヤがあり　首がしまって　根っこ短い」

コラム　市場考 ②

国鉄汐留駅

私が築地市場で働くようになったのは、昭和 43 年 4 月のことである。以来 46 年間の市場生活は、朝 4 時に起きることを当たり前にしている。

現在の青果門の前辺りには、朝の 5 時頃まで（と記憶しているが）屋台が数軒並び、ラーメンなど飲食できる場所があった。場内で働く人や全国各地から野菜や果物を運んできた輸送関係の人たち、又は、築地から各地へ運ぶ人たちで賑わっていた。そのすぐそばには、国鉄汐留駅から来る貨物の引き込み線があった。当時、遠隔地から出荷される魚・果物・野菜らは、貨車中心で築地市場へと搬入されていた。輸送状況が劇的に変化したのは、東京オリンピックのあった昭和 39 年。道路網の整備も始まったが、なにより鉄道ダイヤが旅客中心に組まれるようになり、鮮度が問われる生鮮の貨物輸送は不利になった。

国鉄汐留駅の廃止で、昭和 62 年 1 月 31 日午前 2 時 50 分、築地市場開場当時から 52 年間、産地から首都圏の台所に魚を運び続けたレサ（鮮魚貨物列車）が姿を消した。最盛期には 150 両の車両が連なり、年間入荷量 6 割以上、50 万トン、3000 便をはるかに超えた鮮魚列車だったが、最後には貨車輸送はわずか 1%にまで減少した。国鉄汐留駅の跡地は、今では高層ビルが建ち並んでいる。

四月の旬
タケノコ

竹かんむりに旬と書いて「筍《タケノコ》」。旬という字は10日という意味もありまして、タケノコは芽生えて10日で竹になってしまうことに由来しているようです。

現在、私たちが食べているタケノコは「孟宗竹《モウソウチク》」という種類の最も大型のタケノコです。冬のさなか、お母さんのためにタケノコを探したという中国の孝行息子「孟宗」にちなんで名付けられたものです。揚子江の下流・江南地方が原産で、18世紀の初めに琉球へ伝わりました。それを薩摩藩の島津吉貴公が手に入れ、お屋敷の庭に植えたと言います。これは現在の鹿児島市にある磯公園という場所だそうです。ここから時間をかけて青森まで広まっていきました。

それまでの日本では、真竹《マチク》や淡竹《ハチク》という種類のタケノコを食べていたようですが、孟宗竹のタケノコのほうが美味しいと分かってからは、孟宗竹ばかり食べるようになったそうです。日本における「孟宗竹」の歴史は、たかだか３００年弱ですが、今ではすっかり日本の春の味として定着していますよね。

余談ですが、ラーメンに欠かせない「メンマ」には「マチク」が使われています。マチクはミャンマー原産で、主に台湾と中国南部で採れます。それを蒸したり、茹でたりしてから乾燥させたものを水で戻してから煮ています。ちなみに「メンマ」という名前は、ラーメンの上に載せるマチクだから「メンマ」と、日本人の輸入元が名付けました。

さて、国産のタケノコ（孟宗竹）の旬は、3月上旬の鹿児島県、熊本県、福岡県から始まり、3月中旬の静岡県、3月下旬から千葉県、4月中旬は茨城県、4月下旬は京都、5月からは日本海側の石川県、山形県。と、徐々に北上していきます。一つの産地で、採れる期間は大体一ヶ月半くらいです。

タケノコは竹の若い芽ですが、根っこから切り離された瞬間にストレスを感じるそうです。すると酵素の働きで「旨み成分」が「えぐみ成分」に変わってしまうと言われます。この酵素の働きは熱を加えることによって抑えられるので、「えぐみ成分」を増やしたくなければ、一刻も早く下茹でするることが大事です。

伸びすぎて地面の上に出て、先が緑色になっているようなのも、ちゃんと茹でてもえぐみが残りますので、選ばないように気をつけましょう。

購入時の目利きポイントは、穂先は黒よりも黄色っぽいもの。皮のツヤがいいもの。切り口がみずみずしいもの。根元のイボが小さめで赤っぽいもの。そして皮についている泥が乾いていないものが新鮮な証拠。同じ大きさなら、持ってみて重いほうがみずみずしくて鮮度が良いでしょう。


購入後は出来るだけ早く、下茹でをします。タケノコの先端に切れ目を入れ、皮をつけた丸のままぬかを使って1時間以上茹で、冷めるまでそのまま茹で汁の中で2時間くらいおくことでアクが抜けます。その後、皮をむいて新しい水につけ、冷蔵庫へ入れます。これで4〜5日は風味が保てます。最近は簡単に茹でる方法が紹介されていますが、やはり昔ながらの方法が確実にやわらかくえぐみなく茹でられると思います。

皮には、タケノコを柔らかくする成分・亜硫酸塩が含まれています。また、ぬかに、えぐみ（シュウ酸）を中和してくれるカルシウムや、アクを吸着するデンプンなどが含まれています。昔ながらの方法は理にかなっているのです。最近では、アクの抜け方は米ぬかがあっても無くても変わらないという説もあります。しかし、米ぬかが持つ旨みがタケノコに移って美味しくなる効果もありますので、お手元にあったら使ってみて下さい。ぬかがない時は、お米のとぎ汁でもいいですし、生米を入れても結構です。

この下茹でが面倒だということで、消費の主体は中国産の水煮など加工品に移っていますが、やはり旬の時期に、自分で生から茹でたものには加工品にはない香りと旨みがあります。ちなみにタケノコは1本茹でるも2本茹でるも手間はそう変わりません。茹でる時間も変わりません。逆に、まとめて茹でた方が光熱費の面でおトクです。まとめて茹でて、色々な料理にアレンジしてはいかがでしょうか。煮物、天ぷら、炊き込み御飯、ちらし寿司、中華風の炒め物にも、もちろん合います。普段の水煮タケノコを使ったのとはひと味違うと思いますよ。

タケノコは、ほかの野菜に比べてビタミン類は少ないのですが、食物繊維のセルロースが多く含まれていて、コレステロールの吸収を抑える作用があります。さらに食物繊維は胃や腸の中で水分を吸収して膨らむので、満腹感を与えてくれます。カロリーも低い野菜ですのでダイエット中の方にもおすすめです。

切り口に白い粉のようなものが付いていますが、これは「チロシン」という成分で、脳を活性化させる神経物質の原料になるそうです。これを摂ると、脳の中で快楽物質ドーパミンを作り、元気を出させてくれます。「どうもやる気が出ない」という日は、タケノコ御飯や煮物を食べてみては？

にんじん

日本各地から順次出荷されて「にんじん」は一年中出回っていますが、4月から5月ごろに出回るのが「新にんじん」です。水分が多くて柔らかく、甘いので、生で食べるのにも向いています。昭和30年代、40年と比べると、にんじん全般に渡って特有の匂いが減り、かなり甘くなっています。近頃のお子さんは、にんじんを「甘い野菜」と認識しているんじゃないでしょうか。

日本には、江戸時代初期に中国から入って来ました。原産地はアフガニスタンです。中国から来たタイプを「東洋系」、アフガニスタンからヨーロッパに渡って改良されたタイプを「西洋系」と言います。最初に日本へ入って来たのは「東洋系」でしたが、江戸時代後期に「西洋系」が渡来しました。

さらに明治以降、「西洋系」品種が数多く入ってきて、今は店頭に並ぶほとんどのにんじんが「西洋系」です。

東洋系のにんじんはゴボウのように細く、西洋系のにんじんはずんぐりしています。お正月に出回る「金時にんじん」（別名「京にんじん」）は東洋系です。東洋系は細長いので、収穫の時に土から抜くのに手間がかかり、栽培期間も長いため、農作業が大変です。「西洋系」が主流になった背景にはそういった理由があります。

一方、「朝鮮人参」は、「ウコギ科」で、にんじんとは別の野菜なんです。しかし最初に「にんじん」と名づけられたのは朝鮮人参のほうでした。にんじんは、漢字で書くと「人」という字に、参加の「参」と書きますが、「人間の仲間」といったような意味のようで、朝鮮人参の形が人間に似ていることから名づけられたものです。確かに、人の手足が伸びているような形をしています。

今は、すらりと形が整ったにんじんばかりですが、昔はにんじんも二股三股に枝分かれして、朝鮮人参に似ていたんですね。そこで区別するために、畑で作るから「畑《はた》にんじん」、葉の形がせりに似ているので「芹《セリ》にんじん」などと呼ばれていたそうです。

やがて今、我々が食べているにんじんのほうが有名になり、本家のほうに「朝鮮人参」と、ことわり書きがつくようになりました。

英語で言うと「にんじん」は「キャロット」ですね。ここから「カロテン」という栄養素の名前がついたくらいで、体の中でビタミンAに変わるカロテンがたっぷりです。カロテンは免疫力アップ、肌や粘膜を健康に保つ、動脈硬化の予防にもよいとされています。

にんじんに含まれるカロテンは脂溶性で、油に溶けますので、上手に吸収するには、オイル入りのドレッシングをかけたり、「きんぴら」や「かきあげ」など、油と一緒に調理することで、吸収率がアップします。

フキ

数少ない日本原産の野菜である「フキ」。中国でも少しは食べられているようですが、あの香りとほろ苦さを好むのは世界でも日本人だけのようです。

山菜としては古代から食べられていたと思われますが、野菜として栽培が始まったのは平安時代とされています。この頃は、冬に黄色い花を咲かせることから「冬黄」などと呼ばれていたそうですが、フキという名はこれが詰まったものという説や、葉が色々なものを「拭く」のに適していたことからフキと呼ばれるようになったという説もあります。

繁殖力が旺盛な山菜のため、昔は民家の庭先にいくらでも生えていたようなイメージがありますが、今出回っているものの多くは栽培種です。その大半が愛知早生という品種で、およそ200年前に知多の早川平左衛門という人の畑で、在来のフキに比べてきわめて早く出来る株があることが見つけられ、広まったようです。他に、水ブキという晩生の品種や、大きな秋田ブキ（これはよく砂糖漬けなど、お菓子になっている）もありますが流通はわずかです。

主な産地は、愛知県と群馬県。二大産地です。

緑色が濃くてみずみずしく、皮に張りがあり、手に持った時にしならないものが良いフキです。茎が親指くらいの太さのものは軟らかくて旨味があります。茎が太すぎるものは、筋が固く空洞が大きいので選ばないようにしましょう。

栄養面については、ビタミンなどは少ないものの、とにかく繊維質が多いのが特徴です。便秘に効果があると言われていますので、気になる方は食べてみるといいでしょう。

おすすめの調理法は、下ごしらえしたフキを油で炒めて甘辛に煮る食べ方です。短い時間で煮て、そのまま煮汁につけて冷ませば、緑色をいかした仕上げになりますね。油揚げで何本かを巻いて煮たり、フキの炊き込み御飯にしたりしても、おいしいと思います。

食生活の変化や下ごしらえに手間がかかるイメージから、最近では家庭でフキを煮る人は減ってきているように思います。しかし、下ごしらえといっても「塩で板ずりする。軽く湯がいて冷水にさらす。皮をむく。」の3ステップだけです。

塩をふってまな板の上をころがす「板ずり」というひと手間で、フキの緑色がよく出るようになり、また皮がむきやすくなります。フキはアクが強い野菜ですが、湯がくことでアクが抜けますから、他の山菜のように皮をむくときに指先が黒くなることはありません。マニキュアをしていても大丈夫なのです。水煮のフキも出回っていますが、家で茹でたほうがだんぜん香りがいいので、ぜひ自宅でフキを煮て、旬を楽しんでもらえればと思います。

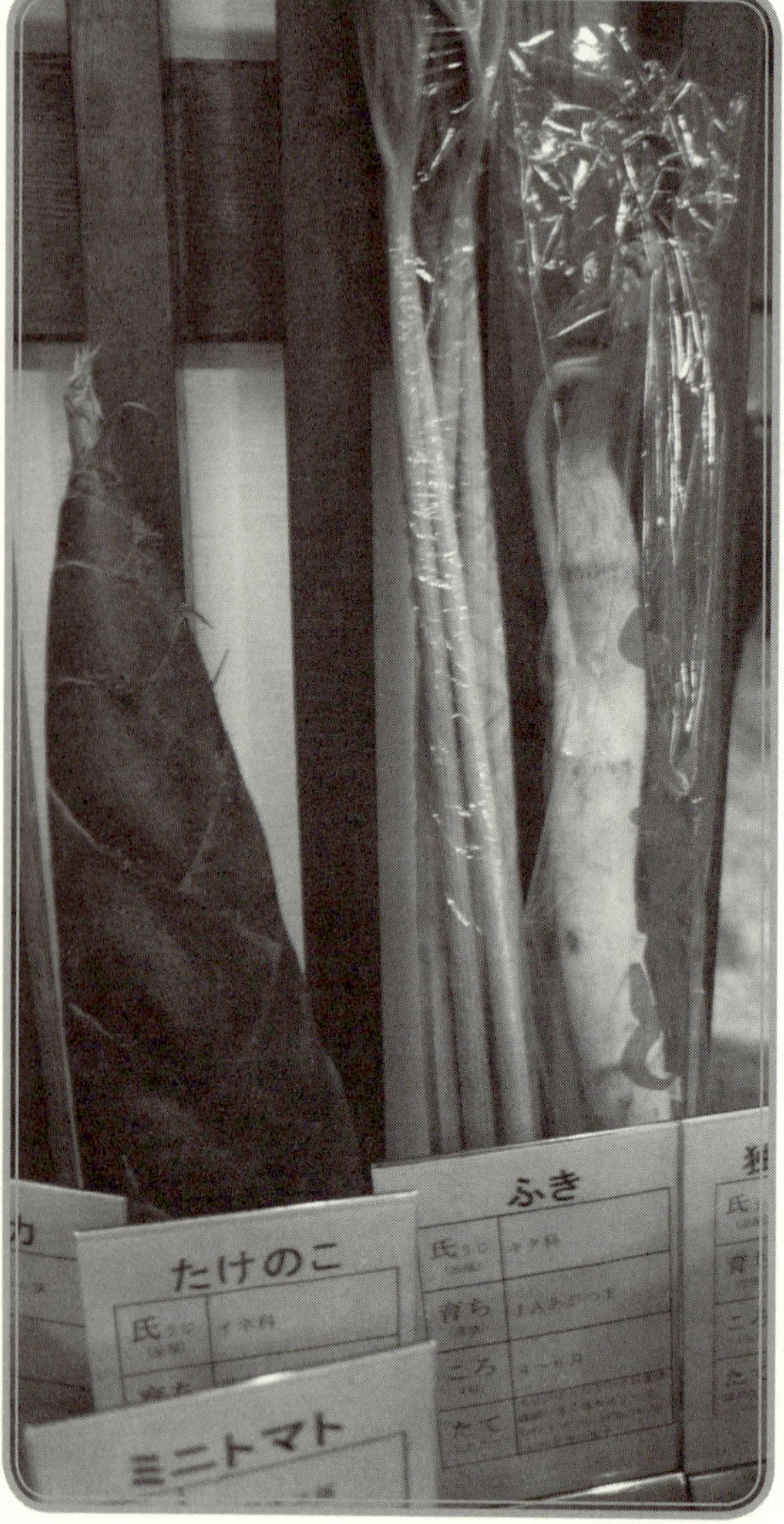

五月の旬　ゴボウ

春の時期の店頭には「新ゴボウ」が並びはじめますね。「一般的なゴボウとの違いはなんですか?」と質問を受けることがありますが、新ゴボウは、秋に種を蒔いたゴボウを早取りしたものです。太いところでも直径1．5センチくらいの細さです。秋に出回るゴボウに比べると、柔らかく、香り高いのが特徴です。火の通りが早いので、太めに切って茹でてマヨネーズで和えサラダにしたり、ささがきにしてさっと煮る柳川鍋にも向きます。ドジョウを手に入れるのは大変でしょうから豚肉などで「柳川風」を作ってみては如何でしょうか。

ゴボウが主役の料理としては、「キンピラ」、片栗粉をつけて「揚げゴボウ」など、脇役としては、「煮物」、「炊き込み御飯」、「豚汁」などがありますね。ゴボウには肉や魚の臭みを消す効果があるので、魚の煮付けなどに一緒に入れると風味良く仕上がります。柳川鍋にゴボウが付きものなのも、ドジョウの臭みを取るためです。この効果を発揮するゴボウの風味は、皮の近くにありますので、くれぐれも皮を厚くむいてしまわないようご注意ください。

タワシや、アルミホイルをくしゃくしゃにしたもので、こする程度で結構です。ささがきする時に厚みが揃わなくて難しいという声を聞きます。包丁でなく、ピーラーを使うと簡単に厚みが揃ったささがきが出来ますので、試してみてください。

調理時にゴボウが固くなる原因として考えられるのがアク抜きです。ただの水につけるなら1時間以内。何度も水を替えるとアクも抜けますが固くなります。白く仕上げようとして酢水につける場合は、15分以内にとどめてください。ゴボウのアクの正体はポリフェノールで、うまみの一種でもありますので、アク抜きをし過ぎると、固いばかりでなく味もそっけもないゴボウになってしまいます。なお、新ゴボウはアクがさほどありませんから、香りやうまみ成分をしっかり味わえるよう、水にさらさずに調理するといいでしょう。

選ぶ際は、細すぎず太すぎず、まっすぐ伸びていて、ひげ根の少ないものが柔らかいと思います。肌がなめらかできめ細かいものが良い品です。極端に太いものやひび割れしているものは、スが入っていることがあるので避けます。

風味が良いのは、洗ったものより泥つきのもの。ただし、泥があまりこびりついていないものを選びましょう。泥がこびりついているのは土が固いためで、柔らかい土で作られたゴボウのほうが美味しいからです。泥付きは新聞紙にくるんで、冷暗所に置けば2週間くらい保存できます。洗いゴボウは、湿度を逃がさないようにラップに包んでから冷蔵庫の野菜室へ入れるようにしてください。
食べ切れない時は、ささがきや千切りなど使う大きさに切って、いったん茹でてから冷凍保存する手もあります。

ゴボウはだいたい地下1メートルまで伸びますから、収穫作業が大変です。今は、機械で畝《ウネ》の土を崩してから抜いていますが、昔はすべてが手作業でしたから、重労働だったそうです。マラソンなどで何人もの選手を一気に抜くことを「ゴボウ抜き」と言いますが、一説には、ゴボウを抜く作業が大変なように、抜きにくいものを一気に抜くからすごい、という意味で生まれた言葉だということです。

特徴的な栄養素は「食物繊維」です。水に溶けるタイプと溶けないタイプの両方が豊富に含まれています。これらによって、お通じが良くなるばかりでなく、食後の血糖値の上昇をゆるやかにしたり、悪玉コレステロールを排出してくれたりもします。ゴボウの甘みは「オリゴ糖」によるもので、おなかの善玉菌を増やすなど整腸作用もあります。便秘が気になる方や生活習慣病が気になる方は、ことにゴボウを召し上がってください。
栄養ドリンク剤にも使われるほど滋養強壮に効果があるとされるアミノ酸の一種「アルギニン」も含まれています。科学的に証明されていなかった昔から「ゴボウは精がつく」と言われていました。側室が百人もいたという豊臣秀吉は、故郷の尾張から特上のゴボウを献上させていたのだそうです。

ところで、「キンピラゴボウ」の名前の由来をご存じですか？　昔話の『金太郎』のモデル、坂田金時《きんとき》の息子に、坂田金平《きんぴら》がいます。この人をモデルに書かれた浄瑠璃では、彼は怪力の持ち主で、勇ましい武将として語られてきました。江戸時代の初めに作られた物語ですが、それ以来、強いもの、丈夫なものを「きんぴら」と呼ぶようになったのだそうです。

精がつくゴボウに油を使ったスタミナ料理は「金平ゴボウ」、丈夫な足袋は「金平足袋」、しっかりくっつく糊は「金平糊」と言う具合です。お転婆な娘は、そのまま「キンピラ」と呼ばれていたそうですよ。

インゲン

この時期、おすすめの野菜は「インゲン」です。豆のほうではなく、莢《サヤ》ごと食べるサヤインゲンですね。日本に伝わった当初は中の豆だけを食べていましたが、その後若い莢ごと食べるようになりました。若い莢とはいえインゲンも一種の豆なので、ビタミンCの他に、植物性タンパク質やデンプンも含んでいます。

時折、「サヤインゲンというのは、そのまま成長したらインゲン豆になるんですか」という質問を受けますが、市販されているサヤインゲンとインゲン豆は、違う品種なのです。

原産地はメキシコから中央アメリカのあたりで、南米から中国大陸に渡りました。日本へは、江戸時代初期、当時の明から隠元禅師が来日した時にインゲン豆を持ってきてくれたのが始まりです。その後江戸時代末期になって、莢ごと食べるサヤインゲンが伝来しました。サヤインゲンの中で、唯一インゲン豆に近いのはモロッコインゲンです。平べったい大型のモロッコインゲンは、元々、中の豆を採る目的で栽培されていたものを改良して、若莢を収穫するようになりました。

ちなみに熟す前のインゲン豆を、莢ごと食べ始めたのはイタリア人とのこと。イタリア料理のメニューにも、サヤインゲンを使ったものが色々あるそうです。

子どもの頃、インゲンのスジを取るお手伝いをした記憶がある方も少なくないでしょう。しかし、最近のインゲンは、手間がかからないように品種改良され、スジのない「ストリングレス」の品種が多く栽培されるようになりました。種類としては、どじょういんげんやサーベルいんげんに代表される細い丸莢のものと、扁平な平莢のものがあります。スジ取りは子どもの手伝いとしては良い仕事だったように思いますが、時代の流れでしょう。

主力産地は、千葉県、茨城県、群馬県などです。良いインゲンの見分け方としては、全体が鮮やかな緑色で、太さが均一なもの、先端がとがっているもの、みずみずしいものがよいでしょう。表面が白っぽくなっているものや、斑点があるもの、黒いしみのあるものは品質が悪くなっています。また、中の豆の形がくっきり浮かび上がって、ごつごつしている物は、育ち過ぎの可能性がありますので、選ばないほうがいいでしょう。

インゲンは、収穫された後も盛んに呼吸し、水分を発散しています。見た目にはあまり変化がないのですが、香りや甘味はどんどん無くなっているのです。また、暖かい土地で生まれたものなので、7℃以下で保存すると低温障害が発生します。購入後はすぐ茹でるなどして、早めに食べ切ったほうがいいでしょう。
たくさんあって食べ切れない場合は、固めに茹で上げて、水気をよく拭いてから密閉袋に入れて冷凍保存がおすすめです。使う時は密閉袋のまま、熱湯に入れて解凍します。

インゲンは、和洋中なんでも使える万能選手です。茹でておひたし、胡麻和え、バター炒め、サラダ、煮付けにもいいですね。肉や魚介類と合わせてオイスターソースで味付けすれば、中華風の炒めものにもなりますね。何本かまとめてベーコンで巻いて焼いても量が食べられます。サヤインゲン発祥のイタリアに習い、パスタの具もいいかもしれません。

様々なインゲン料理のなかでもおすすめは、胡麻和えです。味もさることながら、栄養的にもすぐれた料理なんです。インゲンに含まれるカロテンは、動脈硬化やガンの予防、老化防止に効果ありと言われますが、すり胡麻と組み合わせることでその吸収率が高まります。さらにゴマの食物繊維が加わることで整腸作用も高まるのです。

エンドウ豆

豆の季節です。なかでもエンドウ豆は世界最古の野菜といわれ、古代エジプトのツタンカーメンのお墓からも出土しています。エンドウ豆には、若採りして莢ごと食べる「サヤエンドウ」、エンドウの実が緑色のうちに食べる「グリーンピース（別名は実エンドウ）」、グリーンピースの莢を厚くした「スナップエンドウ」、若い葉や茎を食べる「トウミョウ」と様々な品種があります。

日本へは、奈良時代に中国から伝わったとされています。最初は穀物の一種として完熟した豆だけを食べていました。それが野菜として食べられるようになったのは江戸時代です。収穫の初期にまず莢を食べ、次に実エンドウを食べ、最後に完熟した豆を穀物として食べるなど、一つの種類を段階に応じて使っていました。グリーンピースという名前ではなかったものの、今と同じような豆御飯も江戸時代から季節感を楽しむために食べられていたというわけです。

明治になってそれぞれの用途に合った品種が欧米から導入され、同じエンドウ豆ではありますが、今ではサヤエンドウはサヤエンドウ用の品種、グリーンピースはグリーンピース用の品種など、別々の品種で栽培されています。

エンドウさん一族は人気者で、豆の世界では一大勢力となっています。様々な品種が開発され、どんどん増殖していますが、なかでも近年よく見かけるようになったのは、「スナップエンドウ」と「トウミョウ」ですね。

実が成長しても莢がやわらかいのが特徴の「スナップエンドウ」は70年代にアメリカから導入されました。アメリカ名は「スナップ・ビーン」。英語の「スナップ」には「ポキッと折れる」という意味があるそうで、それほど莢がみずみずしいということでしょう。

日本では「スナックエンドウ」と呼ばれることもありますね。昭和54年に、初めて日本で発売を開始した種苗会社が「スナックえんどう」と名づけたんですね。「スナック」の由来は，莢ごと手でつまんで食べられるので「スナック感覚」だからという説も有りますし、酒場のスナックでつまみにするのに丁度いいからという説もあって今ではもうはっきり判りません。その後、他社からも同じものが発売されるにあたり、元々の名にある「スナップ」も使われるようになりました。

トウミョウは、中国ではよく使われている野菜で、炒め物やスープにします。噛みしめるとほのかに豆の風味がします。アクも少ないので茹でずにいきなり料理しても大丈夫です。

栄養面を見ると、トウミョウにはビタミンCとカロテンが豊富。サヤエンドウやグリーンピースになると、ビタミンB群が増えます。これは糖質や脂質の代謝を盛んにし、体に抵抗力を付けてくれます。体の組織の修復に関わり、成長を促す作用がある、必須アミノ酸の「リジン」も含み、唇の荒れや皮膚炎を予防する効果が期待出来ます。またグリーンピースの食物繊維はゴボウより多く含まれ、体を内側からきれいにしてくれます。

さて、「自分で生のグリンピースを茹でると、いつもシワがよってしまいます。冷凍のグリーンピースはふっくらとシワもないですが、ああいうふうに茹でるにはどうすればいいのでしょうか」といったご質問をよくいただきます。グリーンピースを茹でる時は、まず莢から豆を出し、沸騰したお湯で5分ほど茹でます。この後、すぐにザルにあけないで、そのまま冷めるまでお湯につけておくとシワがよりません。冷める前に空気に触れるとシワがよるので、茹でる時も冷ます時も豆が浸かっているように多めの水で茹でて下さい。

「豆御飯を炊く時、最初から豆を入れると色があせてしまいますがどうしたらいいですか？」これもよく頂く質問です。豆を最初から入れるのは御飯全体に豆の風味をつけるためですけれど、たしかに豆の色はきれいじゃなくなります。風味も色も両方良くするには、豆を茹でた汁で御飯を炊いて下さい。前述の方法で冷めるまで置いた茹で汁を使います。御飯が炊けたところに、シワのないきれいな豆をまぜれば完璧な豆御飯が出来ます。

選ぶ時のポイントは、サヤエンドウの場合は莢の緑が鮮やかで、実がほとんどふくらんでいないものがいいでしょう。グリーンピースやスナップエンドウは、逆に莢がふっくらしてハリのあるものを選んでください。どちらもガクは鮮やかな緑で、生き生きしているものが新鮮な証です。

それから、グリーンピースは、莢から出すとすぐに皮が固くなってしまうので、莢つきのものを買って、なるべく早く使うようにしてください。

どれも彩りがいいので、煮物の青みなど便利な脇役に使われていますが、サヤエンドウは卵とじや胡麻和え、中華風炒めにもよく、グリーンピースも炒め物や豆御飯など、充分に主役にもなる存在だと思います。

ソラマメ

ソラマメの出回り時期は、大相撲の夏場所、神田祭りとだいたい同じ。昔から初夏の風物詩と言われて来ました。近年では鹿児島県での増産によって、1月から4月の出荷量が増えて来ましたので、早い時期に値頃にもなってきています。

店頭では、莢のままと莢からむいたタイプの2種類が売られていますね。「私はソラマメを選ぶのが下手で困っています。莢をむいてあるのは、なんとか良し悪しがわかりますが、莢に入っているのを買ってくると、たいがいハズレです。むいてみると、黄色かったり、茹でても固かったり。どうすればアタリを選べますか」というご質問を頂きました。

ソラマメは採れてから鮮度が落ちるのが早い上、熟れ方がちょうどいいのもたった3日間と言われています。ですからハズレをつかんでしまうこともあり得る訳です。しかも、莢から出して空気に触れると急激に固くなり、味や栄養がどんどん落ちていきます。ですから、まずは莢入りのタイプをお求めいただくのがベターです。

鮮度がいいものは、莢にハリとツヤがあります。莢の背の部分が緑であれば新鮮で、茶色に変化しているのは収穫から時間が経っている印です。莢にウブ毛がうっすら生えていれば、最高に新鮮です。

莢の長さは、短くて一粒しか入っていないものより、平均して3粒くらい入っている長いもののほうが良いでしょう。外から見て豆の大きさが揃っていて、豆の形がくっきり浮き出ているのが生育の良い品です。ただし、軽く触った時に豆を指先に感じるものは、鮮度が落ちています。中の白いワタの水分が失われている証拠です。

「ソラマメを茹でる時、いつも同じようにしているつもりですが、風味良く出来る日と、そうでない日があります。一定に美味しく茹でるには、どんなコツがありますか？」というのも、よく頂く質問です。

美味しく茹でるには、まず、莢から出したソラマメのお歯黒（黒い筋）部分に包丁で切れ目を入れます。一般的には、塩を入れたお湯でフタをせずに強火で3分から4分茹でます。他に、たっぷりのお湯に塩と日本酒を少々入れて茹でる方法もあります。茹で時間は2分ほどで、ザルに取って自然に冷まします。この間にも余熱が入りますから、固めで引き上げていいでしょう。お酒の働きでソラマメの青臭さがやわらぐので、独特の匂いが苦手な方におすすめします。

同じように茹でていても日によって出来が違う場合は、たぶんソラマメの鮮度によるものだと思います。一日置いただけでも味が随分落ちますので、お店で新鮮なものを買って来ても、一刻も早く茹でることが大事です。


茹でる以外の調理法では、「焼きソラマメ」も美味しいですね。魚焼きグリルを5分くらい予熱しておいて、ソラマメを莢ごと入れます。中の豆が蒸し焼きになるように、莢に切れ目は入れないで下さい。そこから蒸気が逃げますので。途中ひっくり返して10分くらい中火で焼くだけです。ふっくらと水っぽくなく仕上がります。

莢から出した状態で、「含め煮」にしてもいい。だしと醤油だけで煮ても、ソラマメの甘さがあって美味しいですし、砂糖をきかせて甘く煮てもよろしいでしょう。「お多福豆」という煮豆がありますが、あれは乾燥させたソラマメを煮たものです。それを生のソラマメで作るわけですから、みずみずしい煮豆が出来あがります。

薄皮までむいた状態で炊き込めば、「豆御飯」にもなります。豆は二つに割れて、御飯粒となじみやすく成ります。茹でソラマメを「混ぜ御飯」や「白和え」に使ってもいいですね。いくつかの材料と組み合わせて「かき揚げ」にしても美味しいですし、イカや鶏肉などと「中華風の炒め物」もいいでしょう。ちなみにこうした炒め物によく使う「豆板醤」の原料はソラマメですので、相性がいいようです。

ソラマメの原産地は中央アジアから北アフリカにかけてと見られており、地中海沿岸では紀元前から栽培が始まっていたようです。生産量で見ますと、最も多いのがアルジェリア、次に中国、モロッコ、スペイン・イタリアと続きます。４００年もの長い歴史があるだけに、世界中で食べられていますね。特にイタリア人には好まれていて、生で食べられる品種「ファーベ」なども含めてよく食卓にのぼるそうです。あちらでは、チーズと一緒に食べたり、肉料理のつけ合わせにしたり、クリームソースで煮てスパゲッティにかけたり、オムレツの具にもします。

栄養成分は、タンパク質、糖質、ビタミンB1、B2、Cの他、カリウム、鉄、銅などのミネラル類が多く含まれています。また、アスパラギン酸も豊富です。これは疲労回復を早める他、タンパク質の合成を助けますので、皮膚の新陳代謝も良くなって美肌効果を発揮します。薄皮には食物繊維も豊富です。５月頃のものはやわらかいものもありますので、ぜひ皮ごと食べてみて下さい。

あなたはいくつ読めますか？

いも類・豆類編

（答えはP.162へ）

・馬鈴薯	・薩摩芋	・自然薯	・零余子
・隠元豆	・鶯豆	・枝豆	・大豆
・豌豆	・蚕豆	・空豆	・落花生
・絹莢	・大角豆	・莢隠元	・四角豆

六月の旬

新しょうが

6月から11月にかけては、収穫したての「新しょうが」が出回ります。よく見かける「しょうが」は、秋に収穫して貯蔵され、一年を通して出回る「ひねしょうが」です。どちらも元は同じものです。

「新しょうが」は白っぽく、繊維が柔らかくて、みずみずしく、爽やかな辛みが特徴です。これが「ひねしょうが」になると、色が濃くなり、繊維質がしっかりして、辛みが増します。しょうがの薬効性は「香り」と「辛み」にあると言われます。特に「辛み」成分が血行を良くし、発汗をうながすとされているので、「辛み」が少ない「新しょうが」は、その分、効果が控えめかもしれません。

しかし、「新しょうが」ならではの良いところもあります。辛くなく、柔らかいので、沢山食べられることです。お寿司のガリ（甘酢漬け）を新しょうがで作りますと、食感が柔らかい上に、特に色素を入れてなくても、自然なピンク色に染まります。これが「ひねしょうが」になってしまうと、酢漬けにしても、ほとんど色づきません。
作り方は、スライサーなどで薄切りにした新しょうがを、軽く茹で、熱いうちに好みの甘酢に漬けこむだけで、自家製のガリが出来上がります。市販のガリは甘すぎるという方は、ぜひ自分で作ってみてはいかがでしょうか。梅干を漬けた時の赤い梅酢があれば、紅しょうがも作れますよ。
また、「新しょうが」は、野菜の一種として料理にも使えます。千切りにして「かき揚げ」にしたり、油揚げと「炊き込み御飯」にしてもいいですね。冷や奴などの薬味にする時でも、すり下ろすだけではなくて、みじん切りにしてトッピングしても美味しいです。

購入する時の目利きポイントは、「新しょうが」を選ぶ場合は、表面が白くつややかで、茎の根元が赤く色づいているものがよろしいでしょう。「ひねしょうが」は切り口を見ます。乾いているものは水分が飛んでいるので避けます。カビや〝ひからびて〟いないかも確かめてください。

初夏には、葉のついた「谷中しょうが」も出回りますね。谷中しょうがは、株が小さい種類で、「新しょうが」が小指くらいの大きさになった頃に葉を付けたまま収穫したものです。一般には「葉しょうが」と呼ばれます。江戸時代、今の台東区谷中で作られていたので、この名前があります。今は千葉・茨城・静岡産が多いですね。

谷中しょうがの場合、茎が太すぎるものは辛みが強く、かといって細すぎるものはすじっぽくて香りも薄いようです。ほどほどの太さで、株の付け根の紅色が鮮やかなものがいいものです。味噌をつけて食べると、冷たい日本酒によく合いますね。

「谷中しょうが」のように、ショウガを生でポリポリ食べるのは日本人だけの食習慣です。中国では香辛料として使われるだけですし、ヨーロッパでもスパイスとして乾燥したパウダーを使うのが一般的のようです。


しょうがの辛み成分や香り成分である「ショウガオール」と「ジンゲロン」は、どちらも血行を良くして体を芯から温めるとされています。職場や電車のエアコンなどのせいで、夏場でも冷えに悩む女性が増えているようで、積極的にしょうがを摂る人が増えているということです。血行が良くなることで新陳代謝が活発になり、ダイエットにつながると期待される向きもあるようですね。

近年は、チューブ入りのおろししょうがの普及によって、市場へのしょうがの入荷量は減少傾向にあるようです。しかし、チューブ入りのものは手軽ではありますけど、やはり生とは「香り」が違うように思います。ここ数年では、しょうが好きの「ジンジャラー」も増えているようですので、生のしょうがを楽しむ方が、また増えていくことを期待しています。

ズッキーニ

初夏になると手頃な価格のズッキーニが店先に並びはじめます。80年代に登場した新顔野菜ですが、日本でもだいぶ馴染みのある野菜になりましたね。とはいえ、家庭では料理のレパートリーが少なくて、どう食べたらいいのかわからないという声もまだまだ耳にします。

ズッキーニは、見た目はイボのないキュウリ、食べるとナス、じつはカボチャの仲間というユニークな野菜です。食感がナスに似ているせいか、料理としては油との相性がいいように思います。生のままですと味も香りも薄いのですが、油を使って料理すると、香ばしくて美味しくなります。

「フライ」にしてタルタルソースをつけて食べたり、和風に「天ぷら」で食べたりしてもいいですね。肉と合わせて「炒め物」にしてもいいし、ただ油で焼いてポン酢をかけるだけでもイケます。バーベキューなどで焼くときは、油を塗って焼くとおいしさが引き立ちます。いったん炒めてから煮込むフランスの家庭料理「ラタトゥイユ」など、洋風の煮込みに使われることも多いため、「シチュー」や「カレー」、「スパゲッティ」のトマトソースにしてもよく合います。

ズッキーニ自体は淡白でクセがないので、うまみの出る素材と一緒に使うとうまくいきます。油もそうですし、肉や魚、トマトやチーズと組み合わせると、そのうまみ成分を吸ってくれるんですね。例えば、ズッキーニのフライを作るにも、衣に粉チーズを混ぜたりするとより美味しくなります。産地では、ズッキーニをすき焼きのように味付けして「ズッキーニ丼」にして食べたりします。

どんな料理にも向くので、欧米で野菜嫌いの子どもでズッキーニだけは食べると聞きます。緑色のナスだと思って、どんどん色々な料理に使ってみてほしいですね。


ズッキーニの原産地はメキシコあたりで、16世紀にヨーロッパへ持ち込まれてイタリアで改良されました。名前は、イタリア語で「カボチャ」を意味する「ズッカ（ZUCCA）」に由来していて、イタリアでは「ズッキーナ」と呼ばれ、日本での一般名称「ズッキーニ」は「小さいカボチャ」という意味のアメリカ英語だそうです。

丸型や黄色い種類もあり、それを見ると、カボチャの仲間なのだとわかります。ただし、普通のカボチャはよく熟してから食べますが、ズッキーニは花が開いて5日から7日くらいの若い状態で収穫して食べます。収穫に適したサイズは、キュウリより一回り大きく、

150グラムから200グラムくらいです。カボチャは真夏が旬ですが、ズッキーニはこのように未熟なうちに早めに収穫するので、初夏から夏が旬となります。

国産第一号のズッキーニは1979年に長野県で作られました。今では、宮崎県で最も栽培されていて、次が長野県、関東の千葉県・群馬県・茨城県と続きます。宮崎県は黒皮カボチャの産地でもありますが、ズッキーニに転作した農家も多いようです。

栄養では、カボチャの仲間である割には、糖質・デンプンが少なく、低カロリーです。100グラム食べても14キロカロリーしかありません。ダイエットにもご活用下さい。ビタミンCのほか、カロテンも豊富なので、免疫力を高める上に肌や粘膜を保護する効果が期待できます。夏風邪を予防するためにもおすすめの野菜ですね。また、カリウムも含まれていますので利尿作用があります。

良いズッキーニを見分けるには、皮の色が深い緑色で、表面にハリがあってなめらかなものを選んでください。太く育ちすぎたものは大味かもしれません。太さが全体に均一で、ほどほどのサイズのものがいいでしょう。

らっきょう

6月にお買い忘れのないようにしたい野菜のひとつに、ラッキョウがあります。出回る時期がとても短いですからね。ラッキョウというと、漬け物をイメージされると思いますが、生のまま千切りにしてサラダに加えたり、刺身のツマにしたりしてもいいです。天ぷらで食べてもおいしいですね。とはいえ、やはり漬けるのが一般的な食べ方でしょう。

ラッキョウを漬けるには、泥を落として、一個ずつ頭と根を切って一皮むくという下処理があります。その後、いったん塩漬けにしてから塩を抜き、甘酢に漬け直します。少々手間はかかりますが、自家製のラッキョウ漬けは格別です。また、途中の塩漬けにしただけの物は、サッパリして酒の肴に絶好でもありますよ。

ラッキョウの原産地は中国です。日本を含めて東南アジアあたりで食べられていてどこも甘酢漬けにして食べることが多いようですね。ちなみに欧米では食べられていません。どうやらラッキョウの消費量は蒸し暑さと関係があるらしく、蒸し暑さで食欲がなくなったのを快復させる効果があるようです。

日本へは9世紀頃に伝来したとされ、当初は薬として用いられていたようです。当時の本によると薬効は「寝汗を治す」とされています。また、漢方では咳止めに効果があると言われています。食用として栽培され始めたのは江戸時代で、今と同じように甘酢に漬けていたようです。

ラッキョウを若いうちに収穫したものが「エシャレット」です。こちらは味噌やマヨネーズをつけて丸かじりしますね。なお、フランス料理などに使われる「エシャロット」と、ラッキョウの「エシャレット」は全くの別物。外観の似ていた「エシャロット」にヒントを得て、生産者が名づけたのだといいます。


主な産地は、鳥取県で、鹿児島県、宮崎県、千葉県、茨城県など関東でも栽培されています。ラッキョウは植え付けてから年がたつほど、球が小さくなります。これは、毎年盛んに分球する（球が分かれていくこと）ためです。小玉で首のところの締まりがいいとされるのは2年物になります。

選ぶ際のポイントは、皮に傷がなく、丸みをおびて白く、粒が揃っているものがいいですね。買う時は泥付きのものの方が、味がいいとされています。洗ったものを買う場合は光沢のあるものを選ぶといいでしょう。

梅

わずかな時期しか出回らない梅は、6月に最盛期を迎える旬のもの。ご存知の通り、この時期の雨を「梅雨」と言うくらいです。

梅は、花の観賞を目的とする「花梅《はなうめ》」と、実の採取を目的とする「実梅《みうめ》」に分かれます。実梅の出荷量は和歌山県がトップですが、2位は群馬県です。県内には「ぐんま三大梅林」と呼ばれる箕郷《みさと》梅林、秋間《あきま》梅林、榛名梅林が有ります。一番大きい箕郷梅林では、10万本もの梅が栽培されています。実梅でも当然、花が咲きますから、2月から3月にかけては、それぞれの梅林で梅祭りも行われています。

店に並んでいるのを見ますと、どれも同じように見えますが、梅にも品種が様々あります。実梅の品種で、一番多いのは「南高《なんこう》」です。次が「白加賀」、他には、「竜峡《りゅうきょう》小梅《こうめ》」「鶯宿《おうしゅく》」「豊後」「古城」などという品種があります。

どれが何に向くというよりも、熟度によって梅酒用、梅干し用と使い分けると良いと思います。梅酒用なら熟度70%くらいの青く光沢のあるものが良く、梅干しには熟度80~90%の、やや黄色くなった梅を使用するとよいと思います。

最近は「梅郷梅《ばいごう》」という品種も注目されています。タネが小さく、果肉の部分が多くて、皮が柔らかいので梅干に適しています。とろけるような柔らかい梅干になり、「南高」と並ぶ美味しさだと評価されています。

しかしながら、果肉が柔らかいことが流通の上では欠点で、つぶれやすいことから市場では敬遠され、取引はあまり多くはありません。梅農家ではこの「梅郷梅」を家の周りに1、2本植えて、自家用の梅干しを作っているそうです。梅のプロが選ぶ品種ですから、味はお墨付きです。また果汁率が高い、つまりジューシーなので、梅酒や梅ジュースを作るにも最適な品種です。

選ぶ際のポイントは、色、ツヤの良いもの。全体にきれいな丸みを帯びたものが良く、また傷のないものを選びましょう。表面に斑点やくぼみがあるものは低温障害を起こしたものです。

梅と言えば、梅干しや梅酒が一般的ですが、何日も待てないというせっかちな方には、3時間くらいで出来上がる、電子レンジを使ってつくる梅ジュースがおすすめです。

作り方は、まず、青梅５００グラムをよく洗って、1～2時間水に浸けてアク抜きをします。水気を拭いたら、梅の割れ目に沿って包丁で切れ目を入れ、木じゃくしで押して下さい。そうすると半分に割れます。割った梅をガラスのボウルに入れて、砂糖３００グラム、お酢50ミリリットルを加えて電子レンジで2分加熱します。いったんボウルを取り出して中身をよく混ぜ、５分置きます。そして、もう一度2分加熱します。そして1時間置けば、梅のエキスがしみ出たジュースの出来上がりです。水や炭酸で3～4倍に薄めて飲んで下さい。

一方、熟し過ぎてしまった梅は、シロップ漬けにしたり、梅ジャムにしたりするといいでしょう。何に使うせよ、梅は酸が強いため、金物の器具を避けることを忘れないようにしてください。

また、梅には脱臭効果があるので、臭みの強い魚や肉を煮るときなど、梅干しを入れるといいですね。梅干しには、疲労回復や腐敗防止の効果があるため、おにぎりやお弁当に梅干しを入れるのも理にかなっていますね。梅のことわざに「梅は三毒を消す」といい、昔から、食べ物の毒、水の毒、血の毒を消すとも言われています。

パプリカ

近年、大きくて肉厚で甘いカラフルなパプリカをよく見かけるようになりましたね。パプリカとは、唐辛子という意味のオランダ語です。最初にオランダから輸入されたため、日本でも「パプリカ」という名前で流通するようになりました。

パプリカは、16世紀の中頃のハンガリーで、ピーマンを改良して作られました。普通の緑色のピーマンは、じつは未熟な状態で収穫されているものです。完熟するとどれも赤や黄色になるんですよ。また、完熟すると苦味がなくなりますので、生で食べても苦くなく、果物のような甘味があるのが特徴です。

日本へはオランダから平成5年より輸入されるようになりました。以来、毎年のように取扱量が増え、今では国産のパプリカも見られるようになりました。ちなみに色は、赤、黄、オレンジばかりでなく、流通量は少ないですが、茶、紫、白、緑、黒などもあります。

緑色のピーマンが家庭に浸透したのは昭和30年代後半ですが、当初は栽培しやすいことから、香りや苦味が強い大型の品種が主流だったんです。ですから子供ばかりでなく、大人でもピーマンを敬遠する人がいました。その後、食べやすい品種へと開発がすすめられて、今のような中型の品種に移行してきたんです。まして今は甘いパプリカも一般的になってきましたから、これからピーマンやパプリカは子供の好きな野菜と認識されるのではないかと思います。

栄養価については、赤や茶色のパプリカは緑のピーマンに比べてビタミンCが2倍。オレンジのパプリカだと3倍も含まれています。また、植物に含まれる色素の一つカロテンは、体内の活性酸素を取り除いて老化を防止する働きがありますが、これも豊富です。特にオレンジ、赤、黄のパプリカに多く含まれています。

元々普通の緑色のピーマン自体、ビタミンCが豊富で、中ぐらいの大きさのピーマン4個を食べれば、一日の所要量がまかなえる程です。カロテンもパプリカには及びませんが豊富です。ピーマン、パプリカのカロテンは油に溶けやすく、また油に溶けた状態の方が体内で吸収されやすいんです。ですから油を使った調理法がおすすめです。

パプリカは肉詰めや炒め物など、洋風の料理や中華料理にも向きますが、生のままサラダで頂いても美味しいですね。

彩りに少し使って余ってしまった場合は、冷凍保存も可能です。４つ割りにして種を取り除き、塩を入れたお湯でさっと茹でます。水気をよく切ってからラップに包んで冷凍します。一ヶ月くらいで食べ切ってくださいね。

いいパプリカの見分け方は、色が鮮やかで皮にツヤがあるもの。ヘタもみずみずしいものを選んでください。全体にシワっぽいもの、ヘタがカサカサなものは鮮度が落ちています。

セロリ

セロリは通年出回っていますが、栽培に適した気温は15〜20℃とやや涼しい気候を好む野菜です。冬から春にかけては静岡のハウスで、夏から秋にかけては長野の高原で、主に作られていてこの二つの県で全国の出荷量のおよそ7割を占めています。

さて、セロリは好き嫌いが分かれる野菜の筆頭格です。出演していたラジオ番組へ、こんなお便りを頂いたことがあります。「母はセロリが苦手です。理由は、若い頃飲まされた生理不順の薬と匂いが同じだからだそうです。と言う事は、セロリを食べても同じような効果があるのでしょうか？　私はセロリが大好きなので知りたいです」

たしかにセロリに似た匂いの漢方薬はあります。それには「当帰《とうき》」という植物が配合されていると思います。これはセリ科の植物で、血の循環を良くするとされています。じつはセロリもセリ科なので、匂いが似ているのです。だからと言って同じ効果が期待できるわけではありませんが、セロリの匂いは「アピイン」という成分によるもので、気持ちを落ち着かせてリラックスさせる働きや、血圧が上がるのを抑えてくれる働きがあるそうです。ちなみにゴマにも鎮静作用があるので、一緒に取ると効果的です。セロリにゴマドレッシングをかけたり、セロリの「きんぴら」を作ってゴマをかけたり。最近イライラしがちだという人におすすめです。ちなみに、食べなくても、葉をコップにさしてテーブルに置くだけでもいいそうです。

さらに、セロリの匂いは肉や魚などの臭みを消す効果もあります。日本ではセロリは生で食べることが多いですが、欧米では生よりむしろ、肉や魚と一緒に火を通す料理に使われることが多いそうです。カレーやシチューなど煮込む時に、ひとかけ加えると風味とコクが増しますね。

セロリの匂いは葉や細い部分に強くあるので、どうしても苦手な人は、太い部分からまずトライしてみるといいでしょう。リンゴやオレンジなど果物と合わせてジュースにしても、そんなに匂いが気にならないと思います。なお、春はセロリの匂いが弱まります。匂いのせいで苦手ならば、春に挑戦するといいですね。

栄養面では、カリウムが豊富でむくみをとる効果も期待できます。カリウムは体の塩分を調節してくれるので、塩っぱいものがお好きな方は、セロリを積極的に食べて下さい。

食べ方としては、サラダでシャキシャキした歯ごたえを楽しむのがいいですね。薄切りにして塩、もしくは浅漬けの素で、即席漬けも爽やかです。居酒屋さんではよく、塩コンブとゴマ油で和えたりもしますね。ちょっと残ったら玉葱などと一緒にみじん切りにして炒めて炒飯に混ぜたり、ドレッシングに混ぜたりしても、いつもと違った味が楽しめます。

セロリの葉は食べないものと思っている人もいるみたいですが、火を通すと柔らかくなって量も減り、匂いも抑えられて食べやすくなります。菜っ葉の一つとして料理に使ってみてください。茎の部分と一緒にイカや海老、鶏肉と合わせて中華風炒めが手軽ですね。天ぷら、佃煮もできます。じつはセロリの栄養は茎より葉のほうに多いので、捨てたらもったいないのです。

葉には茎の2倍のカロテンが含まれていて、皮膚や粘膜をすこやかに保つ働きがあります。他にも疲労回復に効果があるビタミンB群も、じつは葉の方に多いです。

良いセロリの見分け方は、茎が太くて丸みがあり、ひらがなの「の」の字のように巻いているもの、筋がタテにはっきりはいっているもの、肉厚なもの、葉がみずみずしいものが選びましょう。茎の第一筋（太い部分）が20センチ以上の長さがある方が良い品です。

鮮度が落ちてくると、葉が黄色くなったり白くなったり、また茎の断面にスが入ったり、茶色くなったりします。

購入後に長持ちさせるには、葉と茎の部分を分けて、それぞれ新聞紙で包んでビニール袋に入れ、冷蔵庫の野菜室へ入れます。こうしないと葉の部分から水分が蒸発して、茎がスカスカになってしまいます。なるべくなら立てて入れておいたほうがいいでしょう。

近頃は、全体が緑色のセロリとか三つ葉みたいに細いセロリも見かけます。茎まで緑色のセロリは、アメリカではよく食べられているタイプで、香りが強いのが特徴です。細いものは、水耕で栽培された「ホワイトセロリ」で、柔らかくスジが少なく香りもおとなしいものです。

七月の旬　スイカ

暑い夏はスイカが食べたくなりますね。時期によって美味しい産地が移りますが、7月は、新潟・魚沼郡のスイカがおすすめです。

魚沼というとコシヒカリで有名ですね。米もそうですが、昼が暑く、夜涼しいという気候が、作物の糖度を上げてくれます。スイカの場合、八海山のふもとや「八色原《やいろばら》」という広い地域で栽培されています。この地域は盆地になっているため、昼と夜の気温の差が大きいところです。

また甘みがのった後も、確実に熟してから収穫するので、シャリ感もあって美味しいスイカになるわけです。

美味しいスイカの見分け方は、指で弾いて「こんこん」と澄んだ音がするものが良く、「ボコボコ」という音はだめです。皮の表面に艶があり、左右の形が整っていること。ツルの切り口が新鮮なものがよいものです。切ってあるスイカの場合は、種が真っ黒なものを選ぶといいでしょう。

冷やし過ぎないことが、美味しく食べるコツです。おすすめの冷やし方は、スイカを丸ごと何か容器に入れて、大きなふきんをかけます。それを水道の蛇口の下に置いて、水を細く絞ってかけて冷やしていきます。この方法だとスイカの温度が15度から20度に冷えて、ちょうどいいのです。また冷蔵庫をスイカに占領されずに済みます。切る時は、中心の甘い部分が公平に渡るよう、放射状に切るとよいですね。

スイカは体を冷やす働きがあるので、夏バテや熱中症の予防になり、夏にスイカを食べるのは理にかなっています。またカリウムの働きで利尿作用があるので、高血圧気味の方にもおすすめです。

オクラ

夏に旬を迎えるオクラは、アフリカ原産で、英語でも「OKURA」といいます。「貴婦人の指」レディー・フィンガーという別名もあります。

切り口が五角形のオクラは日本で品種改良されたもので、いかにも日本的に小ぢんまりしていますけれど、最近出回っている15〜20センチにもなる「丸オクラ」や「八丈オクラ」を見ますと、その大きさからも、やはりアフリカ原産の野菜だなと実感されることでしょう。ちなみにオクラはハイビスカスの仲間で、そっくりの黄色い花が咲きます。

原産地のアフリカ北東部から、18世紀にアメリカに渡ったとされます。これは奴隷としてアフリカからアメリカに連れてこられた黒人が持ち込んだもので、今でもアメリカはオクラの大産地です。ことにニューオリンズなど南部でよく食べられています。

日本へは、江戸時代末期にアメリカから伝わったということですが、当時は花を鑑賞するのみで、食用としての栽培はほとんどされていませんでした。戦中戦後のモノのない時期には、中の種を炒って珈琲の代用品にしていたそうです。終戦後になりますと、台湾や東南アジアから引き揚げてきた人たちが食べ慣れたものとして栽培を始めました。
本格的には、1970年代に入って高知県あたりで夏のハウスを活用できる野菜として導入され、栄養豊富と宣伝されたことから各地に普及し、流通量も増えました。今の主な産地は、高知県、鹿児島県、沖縄県など。一年中出回っていますが、やはり暑い国が原産だけに、夏に食べたい野菜です。

栄養面では、粘り成分のひとつである「ムチン」が特徴的です。体の中で気管や消化器をおおって保護する物質になるそうです。ですから胃炎や胃潰瘍の予防に役立ちますし、タンパク質の消化吸収を助ける働きもあるので胃への負担を軽くします。オクラは熱を加えると、生の時よりもネバネバの度合いが増しますが、これは熱で「ムチン」をおおっている組織が壊れたためです。ですから胃の中に入ってすぐ効力を発揮することができるのですね。細かく刻んでよく混ぜることでもやはり組織が壊れ、同じ効果が得られます。もう一つの粘り成分「ペクチン」は、血圧を下げたり、コレステロールを減らしたりする働きが期待できるということです。

その他には、ビタミンB群と、カルシウムやカリウム、マグネシウムなどミネラルが豊富です。ミネラルは夏場、汗とともに失われがちですから、オクラで補給していただきたいと思います。

選ぶ際は、莢の様子を見てください。ウブ毛がびっしり生えていて、角というか稜線がはっきりしているもの、先がしならずにピンとしているものは鮮度が良いです。緑色が濃くて、軸の切り口がしおれていないものを選んでください。また、長くても10センチまでのものが良いですね。それ以上だと実が固くなり、中に入っている種も大きくて舌触りが悪くなります。

オクラは「青納豆」という別名もあるくらいで、刻んで醤油をかけるのが一般的ですが、生のまま刻むときは、その前にしばらく塩水につけておくのがコツです。そうすることで苦みが抜けます。

茹でるときは、まず塩でみがいてウブ毛を取り除くのはご存知の通りですね。マヨネーズやバターとも相性がいいし、天ぷら、フライにも良い。カレーに入れても彩りが良いと思います。

シシトウ

シシトウを1パック買うと、時折ひどく辛いものが入っていることがあります。乾燥など強いストレスの中で育つと辛くなるとも言われ、外観からは判断出来ませんが、割って中を見てみると種が少ないことが多く受粉が上手く行かなかったせいかもしれません。

この辛みの成分はカプサイシンという物質で、シシトウに限らず、唐辛子に共通のものです。カプサイシンは体内のエネルギー代謝を活発化させて、体脂肪を分解し、肥満防止に効果があると言われています。また、胃液の分泌を促して、消化吸収を助けてもくれます。料理に使うと、唐辛子の辛みを感じることで、塩分が少なくても薄味に感じないというメリットがあります。減塩の助けになりますね。

辛いタイプは、乾燥させて一味や七味唐辛子に使われる「鷹の爪」、「本鷹《ほんたか》」、「八房《やつぶさ》」、スナック菓子にも使われる「ハバネロ」、メキシコ料理に使われる「ハラペーニョ」などがあります。

甘いタイプは「ピーマン」、「パプリカ」、「シシトウ」。「伏見甘長」などがあります。こうした乾燥させない唐辛子の仲間には、ビタミンCがたっぷり含まれています。最近お店で良く見る「万願寺とうがらし」は大正末期に貿易港として栄えていた京都の舞鶴で、在来種の「伏見とうがらし」と、ピーマンの一種「カリフォルニア・ワンダー」が交配して出来たと言われています。ですから甘くて、ピーマンの青臭さも感じません。いいとこ取りの唐辛子です。というわけで、「万願寺とうがらし」は京野菜ではありますが、京都市内ではなく舞鶴市にある万願寺付近で、地元消費用にずっと栽培されていたものなんです。

唐辛子は自然に交配してしまうので、世界には数百から数千種類もあると言われています。もともとは中南米原産で、メキシコでは数千年前から栽培されていたそうです。15世紀、コロンブスがコショウを求めてインドへ行ったつもりがカリブ海の島へ到着し、そこで見つけた唐辛子をコショウと勘違いして伝えたことから、英語で唐辛子を「レッドペッパー」＝赤いコショウと言うようになったのだとか。

なお、日本語の「唐辛子」は、唐から渡ってきたということではなく、この場合の「唐」は広く「外国」という意味だそうで、唐辛子がどこから日本へ入って来たのかはっきりしていません。有力な説は二つで、16世紀なかばに鉄砲と一緒にポルトガル人が伝えたという説と、17世紀初めに豊臣秀吉の朝鮮出兵の際、日本に持ち帰ったという説です。逆に、唐辛子は豊臣秀吉が朝鮮に伝えた、という説もあって、そこからキムチが辛くなったとも言われていますから、本当によくわかりません。

さて、話はシシトウに戻ります。シシトウとは獅子唐辛子の略です。なぜに獅子かというのは、シシトウの先端が獅子の鼻に似ているから名付けられたとのことです。よく見ると、他の唐辛子は先端が細くなっていうのに対し、シシトウはゴツゴツしていますよね。

シシトウは、他国から入ってきた辛い唐辛子を日本で改良して出来たものですから、獅子と言ってもライオンではなく、ゴツゴツした獅子舞のお面や狛犬の鼻に似ているということだと思います。ちなみに、シシトウに由来していると思われますが、ピーマンにも「大獅子」、「中獅子」などの種類があります。ピーマンはフランス語で唐辛子を意味する「ピメント」がなまって「ピーマン」になったそうで、日本だけでしか通じません。英語では「スイート・ペッパー」、もしくは形がつり鐘の鐘に似ているので「ベル・ペッパー」と言います。英語でみると、唐辛子とピーマンが仲間だとわかりやすいですね。

シシトウとピーマンは、栄養面などではほとんど違いはありません。どちらもビタミンCやカロテンが豊富なため、夏場に気になる日焼けによるシミ・そばかすも防いでくれますよ。抗酸化作用もありますので、万病予防にシシトウやピーマンをたくさん召し上がって下さい。

良いものを選ぶには、鮮度の良さがイコール味の良さです。全体に鮮やかな色でハリとツヤがあるものが新鮮で、美味しいです。ヘタが黒ずんでいたり、シワがあるものは鮮度落ちですので避けるようにしましょう。

トウモロコシ

夏の旬といえば、トウモロコシでしょう。米や麦と並ぶ世界の三代穀物の一つですが、我々にとっては穀物というより、野菜の一つ、特におやつで食べるという感覚ですね。ですから日本で栽培されているのは、ほとんどが甘みの強いスイートコーンです。

トウモロコシの「トウ」も「モロコシ」も中国を表す言葉です。トウモロコシが最初に日本に入ってきたのは16世紀のことで、大河ドラマの「軍師官兵衛」の時代。ポルトガル人によって伝えられたと言います。それより前に中国から伝わっていた「モロコシキビ」、略して「モロコシ」という植物と良く似ていました。「モロコシ」というのは高粱《コウリャン》の仲間です。それに似た新しいものが中国からやってきたというので、さらに唐《とう》を付けて「トウモロコシ」という名前になったそうです。北海道ではモロコシが抜けて「トウキビ」とも言いますね。

ただし、この時のトウモロコシは実が固いタイプで、現在では動物のエサに使われている種類です。九州や四国で細々と栽培されていたようです。我々が今、食べているスイートコーンは、明治になって、北海道の開拓使がアメリカから輸入したのが始まりです。この品種が北海道の気候に適していて、盛んに栽培されるようになりました。
　全国で栽培されるようになったのは戦後のことです。広く食べられるようになり、甘さの追究が始まりました。１９７０年代に入ると「ハニーバンタム」など画期的に甘い品種が登場します。その後、さらに甘い「ピーターコーン」などが主流になりました。現在は、さらに甘く、かつ柔らかい「味来」が市場の6割を占める人気になっています。
　トウモロコシの原種は、一本にほんの数粒しか実を付けなかったそうです。人が改良して今のように沢山の実が付くようになりました。そして、人間の工夫で甘さや柔らかさも増してきたわけです。最新の品種には、生で食べられるほどに糖度が高いものも様々に登場しています。

　てっぺんにススキの穂のように出ているのがトウモロコシの花です。あまり花らしくない見た目ですが、これがいわゆる「雄花」です。茎の途中の筋に「雌花」にあたる穂がついて、その上からヒゲが出ています。てっぺんの雌花から落ちて来た花粉を、ヒゲ（本当は「絹《けん》糸《し》」という）が受け止めて受粉し、中のトウモロコシの実が膨らんでいきます。ヒゲ一本とトウモロコシの実の一粒は結びついているので、ヒゲを数えれば中の実の数もわかります。

　栄養面では、糖質が主な成分で、これはすぐにエネルギーに代わるものですから、スポーツ後の疲れを取ったりするのに最適です。遊んで帰ってきたお子さんのおやつにもピッタリですね。

また、亜鉛、ビタミンB1、B2、ビタミンE、カリウムなどが豊富です。亜鉛は細胞の新陳代謝を高めてくれて、味覚を正常に保つのに必要。ビタミンB1は疲労物質の乳酸を分解してくれて持久力をつける、やる気を起こさせる。ビタミンB2は発育に関わる。ビタミンEは「若返りビタミン」とも言われるほど強い抗酸化作用があって、冷え性や肩こりにもいいということです。

胚芽の部分にはリノール酸が多く含まれていて、これはコレステロールを下げる働きがあり、動脈硬化の予防になるとされます。軸に近いところまでしっかり食べてください。包丁で実をそいだりすると表面の部分しか取れませんから、手で一粒ずつむしるのがいいでしょう。歯で同じようにしてもいいです。トウモロコシは子供だけでなく、大人の方こそ食べてほしいものです。

トウモロコシは鮮度が大事。皮がみずみずしくて青々としたものは新鮮でしょう。皮が黄ばんでいたり、白っぽく変色していたりするものは鮮度が落ちています。皮の先端を握ってみて、先まで実が詰まっているものが良い品です。また、ヒゲがふさふさしていてツヤがあるものを選ぶとよろしいでしょう。濃い茶色のものは中の実もよく出来ています。ヒゲの色が薄くて本数が少ないものは、実の出来も今ひとつです。

できれば、買って来たらすぐに料理しましょう。トウモロコシは鮮度が落ちるのが早く、生のまま置いておくと甘みがどんどん減っていきます。たとえば室温30℃の場所に一日置いておくと、糖度が半分まで減ってしまいます。これはトウモロコシが収穫後も呼吸を続けていて、自分の糖分を使ってしまうからです。温度が高いとそれが顕著になります。すぐ食べなくてもいったん茹でて、冷蔵庫にしまってください。食べきれないほどたくさんある時は、茹でてから実を外してバラバラにした上で、小分けして冷凍保存します。ラーメンやチャーハン、サラダに入れると彩りがきれいです。

茹でる時はたっぷりの熱湯に塩を入れて3分程度茹でますが、九分通り茹だったらお湯から上げてください。あとは余熱でちょうど良くなります。シチューなど煮込みに使うのでしたら、ブツブツ芯ごと切って入れてください。芯のところからいいダシが出ます。蒸す場合は5分、電子レンジの場合は1本あたり3分程度の加熱がいいでしょう。皮を一枚残したままにすると、甘みが逃げません。

ゴーヤ

沖縄を代表する夏野菜で、もう関東でもすっかりおなじみになっている苦瓜。正式名は「ツルレイシ」と言い、瓜科に属します。沖縄を舞台にした朝の連続テレビ小説に登場したゴーヤーマンというキャラクターの影響で、今では「ゴーヤ」が一般的な呼び方となりましたね。なお、「ゴーヤー」は沖縄でも那覇を中心とした呼び方で、「ゴーヤ」と短いのは八重山地方の呼び方だそうです。

原産地の東インドあたりから、東南アジア、中国を経て、18世紀に沖縄へと伝わったと考えられ、そのルート沿いにある国々で栽培されています。どうして沖縄で苦瓜をゴーヤと呼ぶようになったかについては、一説には中国語で苦瓜を表す「クゥーグァー」という言葉が変化したものと言われています。昔から沖縄は中国との交易が盛んでしたから、ありそうな話です。

沖縄で瓜や果実につく病害虫のウリミバエを根絶させ、本格的に県外に出荷できるようになったのが1992年のことです。同じ年、沖縄県農業試験場が収穫量の多いゴーヤの品種を発表したこともあり、生産量が一気に増大しました。それまでのゴーヤは、雄花に比べて雌花が極端に少なかったのですが、雌花が多い品種「群星《むるぶし》」と「汐風《しおかぜ》」を生み出すことに成功したのです。これらの品種は収穫量が多いばかりでなく、従来の品種に比べて、苦みが少なかったために、関東の消費者にも受け入れられたようです。

ゴーヤは、育った地域ごとに実の色や苦さの度合いが違います。沖縄の在来種は緑の色も濃く苦みが強いのですが、それよりもっと苦いのは九州の在来種だそうで、さらに言うと、苦さのチャンピオンはバングラデシュの苦瓜だそうです。逆に台湾や東南アジアのものは色も白っぽく、苦みも少ないと聞いています。沖縄にも苦みが少ない白いゴーヤがあります。「あばしゴーヤ」と言う、丸くふくらんだ、イボの大きなゴーヤです。「あばし」は、沖縄の言葉で魚の「ハリセンボン」を表す「あばさー」から来ているそうで、ハリセンボンが膨らんだ様子に良く似ています。関東の八百屋さんでは置いているところが少ないですが、沖縄では店先に、普通のゴーヤ、白いゴーヤ、あばしゴーヤと並んでいます。

さて、あの苦みのもとは「モモルデシン」や「チャランチン」という成分で、胃腸を刺激して食欲を増進させるほか、血糖値やコレステロール値を低下させる効果もあると言われています。

ゴーヤの苦みが苦手という方は、薄く切ってから塩でもんだり、水にさらしたり、茹でたりすると和らぎます。料理する時に、脂身の多い豚肉やベーコン、コンビーフ、タンパク質の多い豆腐、玉子と合わせても、苦みが和らぎます。これはまさに沖縄風の「チャンプルー」ですね。梅干やレモンなど酸味のあるものと合わせても苦みがマイルドになりますので、試してみて下さい。

栄養面では、ゴーヤのビタミンC含有量は非常に多く、キュウリの10倍、レモンの3倍もあります。しかも通常ビタミンCは加熱すると壊れてしまうのですが、ゴーヤの場合は加熱した後もほとんど変わりません。夏は暑さや紫外線によって体内のビタミンCを消費しやすいそうですので、ゴーヤでせっせと補給していただきたいと思います。また血糖値を下げる、血圧を正常に保つなど生活習慣病予防への効果も期待されています。沖縄では、あせも、二日酔い、胃を健康にする健胃効果があるとも言われています。

最近では、日よけのグリーンカーテンとして、関東エリアでもゴーヤを育てる人が増えていますね。実も食べられますから一石二鳥です。家で採れたのは、間違いなく新鮮ですから、薄切りにして軽く湯通しするだけで、おひたしや酢のもので美味しくいただくことが出来ます。ゴーヤとリンゴを一緒にジューサーにかけて、ジュースにするのも爽やかですね。

ゴーヤを育てている時にいつまでも収穫しないでおくと、熟して端から黄色くなっていきますね。購入後に室温でほったらかしにしておいても同じ現象がおきます。ゴーヤは温度の高いところに置いておくと、熟成が進んで黄色くなってしまうのです。こうなるとシャキシャキした食感が失われていきますので、早めに食べるようにしてください。

何日か保存したい時は、種とワタを取って、濡らしたペーパータオルで包み、さらにラップして冷蔵庫に入れてください。これなら一週間以上、保存できます。

良いゴーヤの見分け方は、鮮やかな緑色で、全体に張りがあって、触ると痛いくらいのイボがあるものです。持ってみて重量感があり、固く感じられるものがいいでしょう。鮮度が落ちてくるとみずみずしさが失せて、イボがしなびていきます。さらに古くなると、黒い斑点が出てきます。

枝豆

夏と言えばビール。ビールと言えば枝豆ですね。この組合せは、栄養的にみても最高だといいます。枝豆のタンパク質の中に豊富に含まれる「メチオニン」という成分が、ビタミンB1やビタミンCと共にアルコールの分解を助け、肝臓や腎臓の負担を軽くしてくれる働きがあるんですね。また、脂肪肝を防ぎ、二日酔いの予防にもなる「コリン」という成分も含まれています。夏になるとついビールの量が増えてしまう人には有り難い存在ですね。

もちろん、ビールを飲まない人にとっても枝豆の栄養価は無視できません。枝豆は大豆のまだ熟していない状態ですから、豆と野菜の中間のような存在です。栄養的にも両方の特徴を持っています。

豆としてはタンパク質の含有量が大変多く、卵に近い量を含んでいます。やはり「畑の肉」と言えますね。サポニン、レシチンといった成分も含みますので、老化防止と生活習慣病の予防に役立ちます。

野菜としては、大豆には含まれないビタミンAやビタミンC、ビタミンB1が含まれています。特にこの時期、注目すべきはビタミンＢ１で、私たちが食べた御飯のなどの糖質が、体の中でエネルギーに変わる時に必要な栄養素です。このビタミンＢ１が足りなくなると、エネルギーを作れないために体の中に疲労物質がたまって疲れやすくなり、夏バテの症状が出るのです。夏バテ予防のためにも、お子様方にもぜひもりもりと食べて頂きたいですね。

また、食物繊維も多く便秘の改善にも役立ちますし、カリウムは塩分の排出を助けてくれます。枝豆は莢ごと茹でますので、こうした栄養成分が加熱してもあまり失われないのも特徴です。

近年では欧米などでも、健康食材として「EDAMAME」が認知されはじめていますね。


さて、大豆自体は、弥生時代に稲作と同時に中国から伝わったと見られていますが、枝豆として食べ始めたのは江戸時代中期ごろと言われています。夏には、街に枝豆売りの姿も見られたそうです。現代では、大豆として使われる品種と枝豆用の品種は完全に分かれていて、２００種類ほどあります。


枝豆用の品種は改良を重ね、若いうちに甘みが強くなるものが主に育てられています。大きく分けると「白毛豆《しろげまめ》」、「茶豆」、「黒豆」の３種類です。

「白毛豆」は莢のウブ毛が白いものが多く、薄皮は緑色。国内で最も出回っているタイプです。

「茶豆」は、莢の中の豆が茶色の薄皮を被っていることから、こう呼ばれています。2粒莢が主体の品種で、3粒以上の莢はほとんど有りません。8月中旬以降に出回ります。近年では品種改良によって、茶豆の甘さと香りと白毛豆の緑色の見た目を持つ品種「湯上がり娘」なども登場し、人気が高まりつつあります。

「黒豆」は、お正月に煮る黒豆を若採りしたモノです。まだ豆が黒くなる前で、莢の中の薄皮がうっすら黒みを帯びています。時期は茶豆よりもっと遅く、9月下旬の短い期間に出回ります。

良い枝豆の見分け方ですが、枝付きの場合は葉が新鮮で莢が密生しているものを選びます。莢の緑色が濃くて鮮やかなもの。莢がピンと張ってしっかり中身が詰まっているもの。均等に豆が入っているものが良い品です。しかし、莢いっぱいにパンパンに太ったものは育ち過ぎです。甘みや香りが薄くなっているので選ばないほうがいいでしょう。

美味しく茹でるコツは、まず表面の毛をこすり落とすように、塩をまぶして良くもみます。丁寧に調理するなら、莢の両端をキッチンハサミなどで切っておきます。水1・5リットルを沸かし、先にまぶした分を含めて60グラム程度の塩を入れて5〜6分茹でます。一度に枝豆を入れる量は300グラムまで。鍋はなるべく底が広い、フライパンのようなものが、火力がまんべんなく当たっていいでしょう。沸騰したお湯の温度をなるべく下げないことがポイントです。茹であがったら水に取らずに、扇風機やウチワを使って風を当て、気化熱で急激に冷ますと甘みが増します。色をよくするために、茹であがりを冷水にとって色止めしてもいいのですが、多少色が悪くても水にさらさないほうが、甘みが際立ちます。

そのまま食べるだけでなく、莢から出して薄皮をむき、和え物やサラダ、スープに入れてもいいです。一回で使い切れなかった分は冷凍保存も可能です。また、茹でたものをすり潰して砂糖を混ぜ、白玉や餅にからめたデザートも美味しい。これは「ずんだ餅」という宮城県の名物になっていますね。

コラム　市場考 ③

初　市

1月5日の「初市」(条例で決められている。昭和 45 年までは1月4日だった) は、宝船や七草鉢、松・椎茸等を飾ったお祝いの品で、「今年こそは」の願いを込めて行われている。しかし、量販店などにおける元日営業が増え、おせち料理を作り家族で正月を過ごす家庭は減り、年末年始の需要は大きく変化している。「初市」はすでに「初市」でなくなっているという意見もある。

生活者のライフスタイルの変化や、産地・流通の変化は以前と比べ急激に進んでいる。第四次産業革命、AI、IoT 等を日常的に見たり聞いたりする時代になり、変化は大きく早くなっている。流通業は変化適応業などと言われている。人間が生きていく為に欠くことの出来ない「食」に係わる立場は益々重要である。地球温暖化や生産技術の進歩は、生鮮食料品の季節感をなくしている。しかし、本物の味を求める生活者の意識は変わらない。昔も今も鮮度が第一であり、季節感も重要である。

八月の旬　キャベツ

キャベツといえば、春や冬が旬のような気がしますね。しかし、寒冷地や高原で育つキャベツは夏に旬を迎えます。代表的なものに群馬県嬬恋村の高原キャベツがあります。昼と夜の温度が大きいことにより、とびきり甘く美味しいキャベツに育つのです。

キャベツの栄養素でよく知られているのは「ビタミンU」、別名「キャベジン」です。胃腸薬の成分にもなっているくらいで、胃壁の粘膜を丈夫にし、炎症や潰瘍を予防してくれます。消化を助ける働きもありますが、おなかを壊しやすい夏にはぴったりの野菜です。ただし、ビタミンUは、熱に弱いので生で食べるのがおすすめです。脂っこいトンカツに千切りの生キャベツという組み合わせは、理にかなっていると言えますね。

ちなみにこのビタミンUはキャベツの中心の黄色い葉に多く含まれています。外側の葉に多いのはビタミンCで、大きな葉であれば一枚で一日のビタミンCの必要量の半分を摂ることができます。

さて、夏に種をまいて冬に収穫される「冬キャベツ」と、秋に種をまいて春に収穫される「春キャベツ」では、栽培する品種が違い、それぞれに異なる特徴があります。

冬キャベツは寒さの中でゆっくりと成長するのでしっかりと結球して固く、ロールキャベツなど火を通す煮込み料理に向きます。一方、春キャベツはふんわりと巻きがゆるく柔らかいので、生のまま食べるサラダや漬け物などに向きます。夏に出回るキャベツは時期や産地によって、固い品種と柔らかい品種の両方が栽培されています。

神奈川県の三浦市では明治末期には、春採りのキャベツの栽培が始まっていたそうです。ただ今のように柔らかいキャベツだったかどうかは不明です。昭和40年に葉の柔らかい春キャベツの代表的な品種「金系201号」が開発され、それ以降、春キャベツが一般的になってきました。特に関東の消費者に人気です。

大阪、京都、広島といった西のほうでは冬キャベツに人気があります。お好み焼きに入れるには、生地が水っぽくならない冬キャベツのほうが向いているからでしょうね。関西名物の串カツに添えるにも、歯ごたえのある冬キャベツが好まれます。福岡のモツ鍋も、固い冬キャベツが使われています。外食産業や加工用にも、千切りしやすい冬キャベツが人気です。

キャベツが日本に入ってきたのは江戸時代の中頃で、オランダ人が長崎に持ち込みました。これが観賞用の植物として品種改良され、お正月などに飾る「葉ボタン」になったとされています。

野菜として本格的に栽培が始まったのは明治の中頃で、銀座の洋食店がカツレツにキャベツの千切りを出し始めたのも、その頃だと言われています。もともと日本には野菜を生で食べる習慣がほとんどなく、生で食べるのは薬味のネギくらいだったのですが、トンカツの普及と共にキャベツを生で食べる習慣が広まりました。

いいキャベツの見分け方ですが、外側の葉が緑色で、葉にツヤと張りのあるもの、芯の切り口がいきいきと新鮮なもの、根元が割れていないものを選ぶといいでしょう。カットしてあるものは芯の高さを見てください。この高さが全体の3分の2以下のものをおすすめします。切り口が新しいかどうかもチェックです。また外側の葉の色が薄いのは、傷んだり、虫に喰われたりで、何枚か剥いたものです。

また、時期によって重さで判断します。冬系の場合は、巻きが固くてみかけよりも重量感のあるものが良いでしょう。逆に、春系の場合は、巻きがゆるく軽いものが良いでしょう。春系で重いものは、育ち過ぎで柔らかさがなくなっている場合があります。

キュウリ

キュウリは95％が水分ですから、食べれば水分補給になりますし、体を冷やしてくれる働きもあります。今の時期には、熱中症を予防する意味でもキュウリを積極的に食べていただきたいと思います。

銭湯のボイラー室とかガラス工芸など、室温が高い現場で働く人は、一日の終わりにキュウリを沢山食べるそうですよ。経験的に身体を冷やしてくれることをご存知なんでしょう。炎天下で仕事をしたり、遊んだりした日にはキュウリの酢の物などで涼をとるのもよいでしょう。

東洋医学では、「体のだるさ」や「むくみ」を解消するとされています。実際に、カリウムを多く含んでいますので、利尿作用があるのは間違いありません。手足のむくみをとるだけでなく、二日酔いの症状を軽くするにもよいらしいです。

キュウリが持つ青臭さの成分「ピラジン」は、血液をサラサラにし、脳梗塞や心筋梗塞などの予防に役立つと言われています。キュウリは一年を通じて出回っていますが、やはり夏の時期が旬ですのでビタミンなどの栄養価も増えていきます。

いいキュウリの見分け方は、きれいな緑色でハリとツヤがあるもの、端から端まで太さが均一なものがおすすめです。中央が極端に細くない方がいいし、お尻も極端に大きかったり細くなかったりの方がいい。トゲが痛いくらいのもの、茎のあたりがしおれていないものは、鮮度がいい証拠です。

さて、日本のキュウリには、イボの色で大きく分けて白イボ系と黒イボ系がありますが、1960年代から、スマートな白イボ系が一般的になりました。黒イボがごつごつして皮が固いのに比べて、白イボは皮が薄くて水気が多いので、サラダなどそのまま生で食べるのに向いています。余談ですが、その昔、長らくアメリカの駐日大使を務められたライシャワーさんは、日本の白イボ系きゅうりの大ファンだったそうです。アメリカへ帰られてからも家庭菜園で作り続けていたらしいです。

黒イボ系キュウリは、市場ではほとんどなくなりましたけれど、漬物業界ではいまだに黒イボ系が使われています。実は、ぬか漬けなど漬物にするには黒イボ系キュウリの方が、味が濃くて向いているんですね。もし地方に遊びに行った時など、黒イボ系を見つけたら、ぜひ漬物にしてみてください。

品種としては400種類以上あるということです。地方によって「加賀太」、群馬県高山村の在来種で「高山キュウリ」など、特有のものもあります。「加賀太」は、ビールのCMでも注目を集めましたね。東北のキュウリと金沢のキュウリが交雑して生まれたものです。1本あたり1キロ近い重さがあります。最近では、関東の八百屋さんでも見かけるようになりました。元々が火を通して食べるのに向いていたキュウリですので、中をくりぬいて詰め物をして煮ても美味しくいただけます。また、種の部分を取り除けば、生に塩や味噌をつけて食べても柔らかくておいしいです。

昭和30年代までキュウリは夏だけのものでしたが、今は家庭でサラダの需要があるので一年中出回るようになりました。出回る時期によって、春キュウリ、夏秋キュウリ、冬キュウリに分かれます。

その中でも新顔の品種は「フリーダム」です。イボがなく、これまでのものに比べますと短くて太めです。皮が柔らかいのが特徴で、すぐ漬かるので浅漬けや、スティックサラダにも向いています。

一方、一般的なキュウリよりもイボがゴツゴツしていて太めの「四川《しせん》キュウリ」という品種もあります。〝四川〟と聞くと中国産だと思われるかもしれませんが、れっきとしたとした国産です。中国でよく食べられているキュウリで「四葉《スーヨー》」という品種があります。歯切れの良さが特徴で、漬物にするとポリポリとした歯ごたえになります。漬物屋さんにはかかせない品種で、あの「きゅうりのキューちゃん」も四葉で作られています。その四葉を品種改良して、漬物はもちろん、生でサラダなどでも美味しく食べられるようにしたのが「四川キュウリ」なのです。ですから、四川キュウリのおすすめの食べ方は、一に浅漬などの漬物、二にサラダ、三に炒め物など火を通す料理です。「炒め物」にするには、少し厚めにスライスして豚肉などと一緒に炒め、味付けは中華風やエスニックな調味料が合います。また、果肉の色がきれいな緑色なので「かっぱ巻き」の芯に使うのもおすすめです。

近年のミニ野菜ブームから、10センチくらいの長さのミニキュウリも見られるようになりましたね。一般的な品種のキュウリを幼いうちに収穫して販売しているものや、専用品種で栽培した商品などがあります。

幼いうちに取ったキュウリに「もろみ」を付けて食べるのが「もろきゅう」で、いつの間にか、それ用のキュウリを「もろきゅう」というようになりました。ですから「もろきゅう」として売られているのは、一般的なキュウリを10センチくらいで収穫したものです。対して、専用品種が使われているミニキュウリは、小さくても甘さがあり皮が柔らかいキュウリです。

食べ方としては、もろみや味噌を付けたり、そのまま切らずに氷水に差してスティックサラダで食べるのもおすすめです。漬物にすると短時間で漬かりますし、見た目が変わっているので喜ばれると思います。

切り口がハート形や星形になるキュウリも店頭でみかけますね。これは、品種によるものでなく、キュウリが長さ10センチほどになったら、日光を通す素材で作った型にはめて栽培したものです。金太郎アメのように切っても切ってもハートや星形ですから、断面をいかしてお弁当に入れたり、パーティ用のおつまみにしたり、食卓を華やかにするのに役立ちます。ハート形の可愛さから、お子さんの野菜嫌いがなおったという話もあります。ハート形のものは、結婚記念日やバレンタインのサラダに使っては如何でしょうか。

モロヘイヤ

夏バテ回復に良い野菜といえば、真夏に旬を迎えるモロヘイヤです。細い茎に、シソによく似た葉が何枚か付いていて、束になって売られています。エジプトあたりが原産で、日本では80年代から名前が知られるようになりました。

モロヘイヤとは、何やら変わった名前ですよね。アラビア語で「王様のもの」という意味の「ムルキーヤ」が語源のようです。古代エジプトの伝説では、王様が病にかかり、どんな薬を飲んでも治らなかったのが、モロヘイヤのスープで治ったという話があります。

それ以来、王様だけの野菜として庶民は食べることを禁じられていたそうですが、じつは食べると元気になって夜更かしして遊んでしまうので「食べるべからず」とお触れを出した、とも言われています。いずれにせよ滋養に富んだ野菜であることは昔から知られていました。

ちなみに日本でモロヘイヤの普及につとめたのは、アラビア語の入門書などを書いておられる飯森嘉助先生です。留学先のカイロで食べたモロヘイヤの味が忘れられなかったのだそうです。

さて、夏バテはビタミンB1が不足しがちになると起きるのだとか。ビタミンB1は水溶性で、水に溶けるので汗と一緒に流れ出てしまいます。すると体はだるくなり、頭もボーッとするのだそうです。ビタミンB1が多いものとしては豚肉やウナギが有名ですけれども、野菜ではモロヘイヤに最も多く含まれています。

また、数ある野菜の中でも、カルシウム・カロテン・食物繊維の含有量はトップクラスです。カルシウムはホウレン草のおよそ5倍も含まれています。カロテンは体の中に入るとビタミンAとして働きます。このビタミンAは、目が乾燥するのを防いだり、眼精疲労を回復させたりもしますから、長時間パソコンに向かっている人などにおすすめです。

あの粘りは水に溶けるタイプの食物繊維で、体の免疫力を高めたり、コレステロール値を下げてくれたりし、胃炎の予防にもなると言われています。

カルシウム、カリウム、鉄分なども豊富で栄養面からすると優等生の野菜。ポリフェノールやビタミンCも多く、今話題の抗酸化作用があるので生活習慣病の予防も期待できるようです。挙げれば切りがないほど、様々な栄養を豊富に含んだ野菜です。

ただし、ほうれん草と同じでシュウ酸が含まれています。これは鉄分やカルシウムの吸収を妨げるので、茹でこぼした後に、水にさらした方がいいですね。

モロヘイヤはクセのない味で柔らかく、茹でて刻むというのが基本の食べ方です。葉と茎の柔らかいところだけを茹でで刻みますと、山芋のような粘りが出ます。お醤油をかけて混ぜると納豆のようにも食べられます。なるべく細かく刻むと「緑色のとろろ」と言った具合になります。これを本物の「とろろ」と同じように使うのがお勧めです。マグロのブツにかければ「モロヘイヤの山かけ」、ソバやそうめんのつけ汁に入れて「つけとろ」風にしても美味しいです。冷や奴や御飯にかけても、ツルツルした食感で食が進みます。ナガイモや、ツナ、タラコなどと和え物にしても結構ですね。不思議なほど和風の料理に良くなじみます。

エジプトでは、「モロヘイヤのスープ」がよく食べられていて、これは日本の味噌汁のように広く飲まれているようです。もちろん味噌汁の具に使っても良いですね。油揚げなどと取り合わせて具にしてみてください。

モロヘイヤが好きでない人は「茎が固い」とか「青臭い」と言いますね。茎の太いところは確かに固いことも有りますから、取り除いて調理してください。本来クセがない野菜なので、青臭さはないと思います。恐らく健康野菜だというイメージが強調されすぎて、薬のように思い込んでそう感じるのではないかと思います。

選ぶ際のポイントは、葉の緑色が濃く、茎の切り口や葉先が茶色く変色していないものが新鮮です。葉もの野菜は、ついホウレン草などおなじみの物を買いがちですが、一度モロヘイヤも試してみて下さい。

トウガン

トウガンは夏に旬を迎えます。漢字にすると「冬瓜」。夏の野菜ですが、丸ごとを日陰の風通しの良いところに置けば冬までもつことから「冬瓜」と言います。原産地は熱帯アジアで、今も香港やインドなど暑さが厳しいところで盛んに食べられています。

日本でも平安時代の記録が残っているほど、昔から栽培されてきた野菜です。二十四節気で言う「処暑」は8月23日頃で暑さが和らぐという意味ですが、昔からこの時期にトウガンを食べるとよいと言われています。

含まれる成分の95％以上が水分で、夏場、汗をかいたときなど水分補給するのに適しています。漢方のほうでは、夏場にほてった体を冷やす働きがあるとも言われています。水分が多いのでカロリーが低く、ヘルシー野菜の代表であり、ダイエットしている人にも大変向きます。この水分と、含まれるカリウムの働きで利尿作用が高まり、むくみを解消して高血圧を予防するのに効果的です。

豊富に含まれるビタミンCにより、風邪予防にも役立ちます。日焼けによるシミ・そばかすが気になる方も積極的に召し上がるといいでしょう。

沖縄ではトウガンを「シブイ」と呼び、夏の時期によく食べているそうです。語源は定かではありませんが、「シロウリ」が変化したとも言われています。沖縄では記念日も制定されていて、シブイの「シ」とトウガンの「トウ」で、4月10日が「トウガンの日」です。豚肉と昆布と一緒に煮たトウガン料理などがよく食べられているということです。

とにかく大きな野菜のため、ご家庭では丸ごと一個買うどころか、4分の1でも持て余すのではないでしょうか。しかし最近では品種改良によって、ミニやミニミニという小さなサイズのトウガンも出回り始めました。普通のトウガンの重さが4キロくらいあるのに対して、ミニで2キロ前後、ミニミニですと1キロくらいしかありません。カットせずに売られていますので、日持ちもよく、家庭用として扱いやすいのはもちろんですが、農家の高齢者や女性にとって作業が楽という利点もあります。大きさで味に変わりはないので、こちらを利用するのもいいでしょう。

産地は、愛知県、沖縄県、神奈川県の順に多く、神奈川では三浦半島で盛んに栽培されています。スイカと同じように葉の下にゴロゴロと実がなりますが、「冬瓜の花は咲いても、百にひとつ」と言われます。これは「親の意見とナスビの花は、千に一つの無駄もない」と言われるナスと正反対で、一つの蔓《ツル》に無数の花をつけるが実になるのは数個しかない。要は無駄花、アダ花が多いことの例えになっているそうです。もっともナスは同じ花の中にオシベとメシベが同居して自家受粉を行いますから、よく実がなるのは当然です。一方、トウガンは雌花と雄花が分かれていますし、性格的に気むずかしいようで、誰とでも結ばれるほど、腰が軽くないみたいですね。

見分け方は、皮の緑色が濃いもの、持ってみてずっしりと重みがあるものがいいでしょう。カットしてあるのは種がしっかり詰まっているものを選びます。未熟なものにはウブ毛があります。逆に、皮の表面全体に白い粉がふいたようになっているものは完熟しています。一説にはこの様子が「雪が降り積もったよう」なので、冬の瓜という漢字を当てたという説もあります。

丸のままなら、風通しのいい冷暗所で数ヶ月保存できますが、カットされたもの、使いかけのものは、そこまで日持ちしません。ぴったりとラップをして野菜室で保存しましょう。

調理法としては、トウガンは果肉がスポンジのようになっていて汁気を良く吸うので、煮物やスープ類と相性がいいです。中華料理ではトウガンをくりぬいて中にスープと具材を詰めて丸ごと蒸した料理が有名ですね。トウガンの実をスプーンで崩しながら食べるのですが、家庭ではもっと簡単にして、ハムや春雨と一緒に切ったトウガンを煮てスープにしてはいかがしょうか。インドではトウガンを「カレー」にします。流行りの「スープカレー」に入れてもいいですね。薄切りを塩揉みして「サラダ」にしてもいいですし、ひき肉と炒めて「マーボートウガン」に、冷やして「酢味噌和え」に、ダイコンの代わりに「豚汁」に入れてもいいそうです。

トウガンはワタのところを取って料理しますが、「生のうちはどこまでがワタかよくわからない」というご質問を頂きます。スプーンなどを差してみて、すっと抵抗なく入っていくところがワタですから、そこだけすくい取ってください。皮は薄めに緑色の部分を残す程度にむくといいでしょう。彩りがきれいですし、皮を厚く剥くと煮崩れやすくなります。

「ワタと果肉は、あまり差がないから使えそうな気がします。取らなきゃだめですか」という声もあります。ワタは火を通すとトロッとして悪くないのですが、タネの口当たりが良くありません。ですから種だけ取って味噌汁の実にするとか、きんぴらのように炒め煮にすると食べることが出来ます。皮についても、細く切って下茹でしてからきんぴらにする人もいるようです。

青臭くてトウガンが嫌いだという方には、皮を厚めにむくのも一つの手です。あの臭いは皮に近いところにあるのです。もしくは、ひと手間かかりますが、皮を薄くむいて食べやすい大きさに切ってから、いったん茹でて水にさらしても青臭さが気にならなくなります。このほうが味の含みもよく、皮のきれいな緑色も残したままに仕上がります。

トマト

夏といえば、やはりトマトですね。しかし、野菜や果物の〝旬〟について、最近は品種改良やハウス栽培の技術が進んできたために色々な考え方があります。トマトの場合、原産地が南米アンデス山脈の高地のため、朝晩の気温が低くて日差しが強く、乾燥した土地を好むとされています。つまり、高温多湿を嫌うトマトの性質からムシムシする日本の夏は旬ではないという考えもあります。

夏が旬とされてきた理由には、日本でトマトの栽培が始まった頃は温室などの設備が不十分なために、春に種を播いて夏に収穫する作型が一般的だったからというのがあります。現在は設備が普及した事もあり、産地ごとにトマトの成長に適した季節に収穫できるようになっています。

夏のトマトの特徴は、実が大きめでさっぱりとした味わい。水分が多いので喉の渇きをいやすのにぴったりです。春のトマトは寒い冬の間にゆっくり成長することから中身が濃くて、こってりした味わい。日射しは強いけれど昼と夜の温度差が大きく、比較的乾燥している時期なので、糖度の高いトマトになります。

おすすめの食べ方としては、ミニトマトならそのまま、大玉ならくし形に切って、ベーコンを巻いてフライパンかグリルで焼いたものです。トマトの甘み・酸味が濃くなって美味しいですよ。単純にトマトと玉子を炒めるだけでも美味しいです。

トマトには旨み成分であるグルタミン酸が多く含まれています。これは昆布やシイタケに含まれるものと同じです。ですからトマトを旨み調味料のつもりで、カレーやシチューに入れたり、つぶしてソースにしたりしても、美味しい料理になります。


トマトで注目すべき栄養素は「リコピン」という成分です。ガンを誘発するとされる活性酸素を抑える働きが非常に強いそうです。また脳卒中やパーキンソン病を抑える働きがあることも分かっています。夏場に気になる紫外線によるダメージからも肌を守ってくれます。

リコピンは、トマトの赤い色の元でもありますから、赤ければ赤いほど多く含んでいることになります。オリーブオイルと一緒に加熱すると、生食した場合の約4倍も摂取できるそうですから、トマトとオリーブオイルの組み合わせが多いイタリア料理はリコピンを摂るのに打って付けですね。

その他の栄養素としては、血圧を下げる働きのあるカリウムやルチン、肌荒れ解消やかぜ予防にも役立つカロテンやビタミンCも含まれています。ちなみにミニトマトには、大玉トマトの2倍ものビタミンCが含まれています。ミニトマトは甘みが強くてお子さんでも食べやすい野菜ですから、お弁当やおやつに上手く取り入れるといいでしょう。なお、お弁当に入れる時はヘタを取っていれるようにしてください。ヘタから雑菌が繁殖するおそれがあります。

最近のトマト売り場は色々な種類が出ていてにぎやかですね。大玉の主流「桃太郎」をはじめ、ミニトマト、中玉、細長いトマト、枝付きのまま売られているものもありますし、色も黄色、オレンジ、緑、黒とさまざまです。それぞれに少しずつ健康効果は違いますが、取り合わせるだけで、カラフルなトマトサラダが出来ますね。食感も色々で、ジューシーなもの、中のゼリーが多いもの、逆に少なくてサクサクしているものがあります。試しにあれこれと食べてみて、好みのトマトを見つけるといいですね。糖度が高いものは生食に向きます。酸味があるものや実が固いものは加熱調理すると美味しさが増します。輪切りにしてフライパンでソテーするだけでオシャレな付け合わせになります。

さて、このところトマトが「メタボ」に効くとか、肝臓にいいとか、お酒のつまみに食べると二日酔いしないとか言われていますね。たしかにトマトを使って、実験された結果がいくつも発表されていますが、まだマウスでの実験段階のものも多く、そのまま人間に当てはまるかどうかは未知数です。ただ、カゴメとアサヒビールホールディングスの共同研究では、人間の被験者でアルコールとトマトの関係が調査されています。それによれば、アルコールを飲む時にトマトジュースを一緒に飲むと、酔いの回りがゆるやかになる、そして酔いがさめるのも早いという結果が出たそうです。でも二日酔いにならないという事ではなくて、トマトがアルコールの代謝を促進させる可能性があるという事ですね。トマトさえ食べれば飲んでも大丈夫というわけではありません。

トマトの見分け方としては、全体にムラなく色づいて、ハリがあり、丸くて重みのあるものが良い品です。角ばっているもの、ヘタの近くがひび割れているもの、ヘタがしなびているようなものは避けましょう。

保存する時は、完熟したものはポリ袋に入れて冷蔵庫の野菜室へ。鮮度がよければ一週間程度もちます。トマトは低温に弱いので、5度以下の冷蔵室に入れたり、野菜室でも長く入れておいたりすると、低温障害で実が柔らかくジュクジュクになってしまいます。ヘタを切ると特に傷みやすいので、半分残ったトマトをいつまでも冷蔵庫に入れておかないでください。青いところのあるトマトが混ざっていた時は、冷蔵庫でなく室温で追熟させるといいでしょう。

ニンニク

ニンニクは一年中乾燥したものが出回っていますので、旬の意識がないかもしれませんが、6月から夏にかけて新ニンニクが出荷されています。暑さでスタミナが失われがちな夏は、ニンニク料理でパワーを回復するといいですね。

通常、ニンニクは収穫した後に乾燥させて保存性を高めてありますが、新ニンニクは乾燥せずに出荷されたものです。みずみずしくて辛みが少なく、ほのかな甘みがあるのが特徴です。新ニンニクの食べ方としては、「漬物」になさる方が多いようですね。この時期に一年分漬けておくのだそうです。新ニンニクは味が染み込みやすくて、カリカリした歯ごたえのニンニク漬けが出来るのです。例えば、「しょうゆ漬け」なら、皮を剥いたニンニクの粒を、しょうゆに漬けこむだけです。漬け込んだしょうゆも含めて、カツオの刺身やタタキのつけ醤油にしたり、チャーハンの味付けに使ったりしても美味しいです。

ニンニク自体は、奈良時代には伝わっていたそうです。ただ、あの匂いのせいで、江戸時代まで公家や武士は食べてはいけないことになっていましたから、ニンニクが和食の表舞台に出てくることはありませんでした。広く料理に使われるようになったのは明治時代以降だそうです。

和食にニンニクを使うという点では「カツオのたたき」は珍しい料理です。これにはいくつか説があって、一つは明治時代、高知に滞在していたイギリス人が、普通の薬味では刺身を食べられなかったため、ステーキのようにニンニクを添えたのが始まりだという説です。もう一つは大正時代に、殺菌のために「にんにく」を使い始めたとも言われています。

さて、仏教の用語に「あらゆる困難や屈辱に耐え忍ぶ」という意味の「忍辱《にんじょく》」という言葉があるそうです。ニンニクという名前の由来には、お坊さんたちが激しい匂いを忍んで食べることから「にんじょく」と呼ばれ、やがてニンニクに変化してきたとの説があります。また、ニンニクは本来、精力がつき過ぎて修行のさまたげになると言われて、お寺で食べてはいけないことになっていますが、お坊さんたちが隠れ忍んで食べたので、この名が付いたという説もあります。

匂いの元である「アリシン」という成分は、豚肉や豆類などに含まれるビタミンＢ１と結びついて、体に吸収されやすい状態にします。ビタミンＢ１は、糖分をエネルギーに変える働きを促進するので、スタミナ増進にいいというわけです。ことに生で食べると効果てきめんです。また「スコルジニン」という成分は、毛細血管を広げて新陳代謝を高め、疲労回復に良いということです。古代エジプトでピラミッド建設にあたった労働者たちにもニンニクが配られていました。クフ王のピラミッドの内側に、建設の際に配られたニンニクの量が書かれているのだそうです。強壮剤としての働きは古くから知られていたわけです。

アリシンは、細かく刻んだり、すりおろしたりすると、効果が発揮されやすいんですが、その代り匂いも強烈になります。匂いをやわらげるには加熱すると良いのですが、アリシンの効果はほとんどなくなってしまいます。スコルジニンの新陳代謝の効果は加熱しても失われません。

そして、ニンニクを食べる時に気になるのは、やはり食後の口臭でしょう。牛乳や青汁を飲んだり、パセリ・大葉・クレソンなどを食べたりすると、ニンニクの匂いの物質を胃の中で包み込んでくれます。匂い成分が体に吸収されてしまう前に、こうしたものを飲んだり食べたりするのは効果的だと言われています。

国内の主な産地は青森県で、香川県などでも栽培されています。輸入品では中国産が多く流通しています。国産と中国産では、保存状態と粒の大きさが違います。国内では貯蔵する際に二酸化炭素を多くして酸素を少なくした貯蔵庫で休眠させますので、品質が長く保たれます。中国産については、この方法が取られていませんので、国内産に比べて日持ちが悪い傾向があります。粒は中国産が10片位あるのに対し、国産は6片のものが主流で、その一粒が大きいです。また国産のものには、匂いがマイルドなものもあります。

よいニンニクの見分け方は、全体が大きくてよく良くしまっているもの、持ってみて重いものを選ぶといいでしょう。軽いものは乾燥しすぎて中身が少ないと思います。

保存する時は、ネットなど通気性のいいものに入れて風通しのいいところに吊るしておくのが一番。特に新ニンニクは湿度が高いと、根のところからカビが生えてしまう可能性があるのでムレないように注意しましょう。用途に応じて刻んだりすりおろしたりして、ラップなどで密閉し、冷凍保存することも可能です。

あなたはいくつ読めますか？

答え：野菜・果物編

・カブ
・バンカ
／トマトの和名
・トウガン
・ハクサイ
・ホウレンソウ
・セリ
・ショウガ
・タケノコ
・ニンジン
・トウモロコシ
・カボチャ
・カンラン

・チンゲンサイ
・ニラ
・ミョウガ
・フキ
・ゴボウ
・ワニナシ
／アボカド
・キュウリ
・タマネギ
・カラシナ
・ニンニク
・ウド
・ツクシ

・レンコン
・イチゴ
・スイカ
・ミバショウ
／バナナ
・ツルナ
・ワサビ
・モヤシ
・ヨモギ
・オカヒジキ
・マコモタケ
・ワラビ
・アシタバ

・トウミョウ
・サンショウ
・ギンナン
・タイサイ
・ミブナ
・ラッキョウ
・ツルナ
・タマナ
・ユズ
・カリン
・ダイダイ
・キンカン

九月の旬

栗

国内の栗の主産地は、茨城、熊本、愛媛です。この三県で栗の出荷量の半分以上を占めています。熊本、愛媛産は9月から、10月に茨城産が出回ります。
「栗」は、炊き込み御飯や煮物、スイーツなど、秋を感じられる旬の味覚ですね。

「皮つきの栗と、むいて売っている栗では、味に違いがありますか?」との質問を受けたことがあります。生の栗の皮をむいただけのものなので、味に違いがあるわけではありませんが、日持ちがしないことと、値段が違います。同じ重さの皮付きの栗と比較すると、むいた栗は5倍くらい高いように思います。栗むきの手間賃でしょうね。

確かに栗の皮をむくのは面倒です。その面倒を少しでも減らすために、固い鬼皮を柔らかくする方法がいくつかあります。時間がある時は一晩水に浸けると鬼皮が柔らかくなります。時間がない時は熱湯に15分くらい浸けるか、3分くらい茹でると柔らかくなります。どちらも触れるくらい冷めてからむいて下さい。
もしくは、包丁の刃元（アゴ）のところで切れ込みを入れた栗を、焼き網で焼いて全体に焦げ目がついたら、皮を押しながら指でむく方法もあります。
栗むき専用の器具も売られていますので、そういうものを使っても時間の短縮になるでしょう。

渋皮については、固い鬼皮を取った後にミョウバンを入れた水に一晩漬けておくとむきやすくなります。時間がない時は、焼き網に乗せて強火で渋皮だけ焦がします。それを濡れ布巾に取って、もむようにすると、栗の凸凹どおりにきれいに渋皮が剥がれます。

いずれのやり方にせよ、栗をむくと渋で指先が黒くなります。余談ですが、この黒くなった爪をカバーするために、中世のフランスでマニキュアが流行したそうです。マロングラッセを作るために大量の栗をむいていたお菓子屋さんの女性達が、植物の色素などで爪を染めるようになったというのがきっかけだったようです。

じつは、栗の渋皮はむしろ体のためには良いものです。渋に含まれるタンニンには抗酸化作用がありますので、老化防止の効果が期待できると言われています。渋皮ごと食べると食物繊維も摂ることができます。

実のほうには、意外にビタミン類が豊富です。特に栗のビタミンCは、デンプン質に包まれているため、加熱しても壊れにくい特徴があります。ビタミンB1は、御飯やパンの糖質を効率よくエネルギーに変えてくれます。さらに、体内の余分な塩分を排出してくれるカリウムも豊富ですから血圧が気になる方にもおすすめの食材です。

ナス

暑さを好む野菜と言えば、インドが原産のナスです。夜も含めて気温が高いと生育が良くなります。ナスのことを「ナスビ」とも言いますが、一説によるとこの語源は「夏の実」です。まさに暑い季節の代表的な野菜と言えるでしょう。

さて、秋が近づいて涼しくなると、生育速度が一定になって果肉がしまり、皮が薄くなります。同時に種も少なくなって、なめらかな口あたりになって美味しいことから「秋ナスは嫁に食わすな」と言われるようになった所以とされています。ちなみに、ここで言う「秋」は、立秋の後から9月頃のことで、10月や11月のことではありません。

一方では、ナスは体を冷やすことから嫁の体をいたわる優しさという説もあり、また興奮しすぎるからという説もあります。ナスには「コリン」という成分が含まれており、これが神経と神経をつないでいる部分の伝達をなめらかにするそうです。よって、食べ過ぎると嫁が興奮しやすくなり、秋の夜長がいろいろと騒がしくなる……という話だということです。

ナスは奈良時代から栽培されていたようで、1200年もの歴史があります。そのため日本各地に様々な品種が存在するのもナスの特徴です。

関東ではやや小型の卵型ナスが好まれますが、西に行くにしたがって長いナスが人気で、九州では40センチ以上もある大長ナスが多く栽培されています。大長ナスは、皮は固めですが太さが均一なため、焼きナスにすると火の通りが均一でおいしく焼き上がる品種です。

地方色が強いものでは、山形の民田小ナス、京都の賀茂ナス、大阪の水ナスなどがあります。水ナスは皮も実も柔らかくて、握ると水がしたたるほど水分が多く、漬物に適しています。生のまま塩や味噌をつけて食べても美味しいです。この頃は関東の居酒屋さんでもメニューに置くようになりましたね。

最近では、日本で栽培された外国系品種も店頭に並んでいます。イタリアやスペインの「ゼブラナス」は紫と白の縞模様をしています。「ローザビアンカ」はピンクと白がまざった模様。タイのナスはピンポン玉くらいの大きさで、グリーンカレーなどに使われます。

購入する際の見分け方は、どのような形のナスでも、均一にふっくらと丸みを帯びているもの、持ってみて大きさに見合う重さがあるもの、皮にハリとツヤがあるものを選ぶと良いでしょう。ガクのトゲが痛いくらいにとがっていて、ヘタの切り口が白くてみずみずしいものは新鮮です。皮に傷やシワがあるもの、茶色く変色しているものは避けましょう。

先に述べた通り暑さを好む野菜なので、保存は常温で結構です。冷蔵すると若干日持ちしますが、皮も果肉が硬くなって風味が落ちます。元々高い気温で育つ植物なので、5℃以下に置くとタネの周りが黒ずんだり、皮に茶色い穴が開いたりと、「低温障害」を起こしますので気をつけてください。長期保存するならば、ピーラーで皮をむいて電子レンジで加熱した後、ラップして冷凍することもできます。

食べ方としては、和・洋・中なんでもござれですね。油との相性がよいので、揚げたり、炒めたりすると味が良くなります。昔からの和風の料理の他に、マーボナスなどの中華や、イタリア風にトマトやチーズと組み合わせた料理も人気がありますね。

成分の94％が水分で、カリウムと食物繊維くらいしか目につく栄養はないのですが、紫色の皮に含まれている「ナスニン」という成分は注目されています。ナスニンはアントシアニン系の色素で、目の疲労回復や抗酸化作用により動脈硬化などの予防に効果があると言われています。ナスの栄養を無駄なく摂りたい場合は、皮ごと召し上がっていただくのがいいですね。

ただし、ナスニンは水に溶けやすい性質があります。鮮やかな紫色を残して料理を仕上げるには、一度油で揚げてから料理するか、ナスだけ別に料理して最後に合わせるといった工夫が必要です。また、漬物を鮮やかな色に仕上げる先人の知恵として、ぬか床に釘を入れたり、漬ける前にアルミの化合物であるミョウバンをまぶしたりしますね。これは、ナスニンが金属と結びつくと安定する性質を利用したものです。ちなみに釘など鉄を使うと青みの強い色、ミョウバンを使うと紫に近い色に仕上がります。

余談ですが、お盆にキュウリの馬やナスの牛が飾られる風習は、江戸時代にはあったようです。江戸時代初期の商人・河村瑞賢は、貧しい青年時代、お盆明けのある日に品川の海岸を歩いていると精霊流しで川から流れ着いた沢山のキュウリやナスを発見し、これを漬物にして売り歩き、商売のタネ銭にしたと言う話が伝わっています。

もちろん現代では川に流すのはダメですから、海岸にナスが流れ着くことはありませんね。飾った後は土に埋めるか、塩で清めて半紙にくるむという作法もあるそうです。

サツマイモ

サツマイモは一年中出回っていますが、食べたくなるのはやはり秋でしょう。関東ですと8月から11月の間に収穫され、専用の貯蔵庫で保管しまして順次出荷されていきます。ですから秋に出回るものは、いわゆる「新サツマイモ」ということになりますが、サツマイモは2ケ月ほど貯蔵すると甘味が増しますので、年明けがもっとも美味しい時期かもしれません。

サツマイモは昔から女性の大好物と言いますが、甘さもさることながら、栄養面でもビタミンCやカロテンなど、美容によい栄養素が豊富なのを実感しておられるのかもしれませんね。サツマイモを切ると出てくる白い液「ヤラピン」は、腸のぜん動運動をうながす働きがあります。豊富に含まれる食物繊維との相乗効果で便秘を解消してくれるところも女性に好かれるポイントでしょう。

一方で、胸焼けがして苦手だという方もいらっしゃいますね。サツマイモは加熱すると強い甘みが出ますが、これが胃粘膜を刺激して胃酸の分泌が過剰になるそうです。そのため食道が軽い炎症を起こして胸やけを感じるそうです。その糖分が腸の中で発酵してガスが出やすくもなります。これらの症状を防ぐには、皮ごと食べるのが一つの手です。サツマイモの皮に含まれる酵素が糖分を分解してくれるからです。もしくは、大根おろしや、牛乳、バターと一緒に食べても、胸焼け予防になります。

関東でサツマイモの栽培が始まったのは、蘭学者の青木昆陽が八代将軍徳川吉宗の命を受け、すでに西日本で栽培が始まっていたサツマイモを関東へ導入したのがきっかけです。まずは現在の東京の小石川植物園と千葉市花見川区と九十九里町で試作させたそうです。その後、享保・天明の二度の大飢饉でサツマイモの栽培が普及し、多くの人の命を救ったとされています。

「野菜を凝縮するとサツマイモになる」と表現した栄養学者がいるそうですが、サツマイモからは野菜を沢山食べたのと同じような栄養効果が得られます。米や麦などのように糖質を多く含むので主食にもなりますし、野菜のようにビタミン類をバランス良く含んでもいます。様々なミネラル類も摂れることから「準完全食品」とまで言われています。少ないのはタンパク質と脂質だけです。

このように優れた栄養と、やせた土地でも育つという特性から、終戦後の食糧事情が最悪だった時も日本人の命を救いました。当時はサツマイモの茎まで食べたと聞きますが、最近では「ヘルシー菜」や「すいおう」という食用の茎が商品化されています。キンピラ風に炒めたりして食べるそうです。

前述の通り、サツマイモは、厳しい条件下でも栽培できる上、少ない面積で沢山取れるのが特長です。たとえば同じ面積での収穫量は米の5倍にもなります。といったことから、サツマイモを宇宙ステーションで栽培して食料にしようという動きがあるそうです。もちろん炭水化物、ビタミン、ミネラルといった栄養成分がバランスよく含まれていることもポイントで、現在研究が進んでいます。サツマイモは、宇宙で栽培される食物の第一号になるかもしれません。

サツマイモを甘く仕上げるには、65〜75℃の温度帯になるべく長く置くことが大切です。これはサツマイモが持つ酵素が活発に働く温度帯で、酵素がデンプンを分解して糖をたっぷり作り出してくれるのです。

焼き芋にするには、オーブンもしくはオーブントースターでゆっくり加熱するといいでしょう。皮まで食べたいならアルミホイルで包んで焼きます。ふかす時は炊飯器を使うと便利です。炊飯器の内釜にサツマイモを並べ、ひたるくらいの水を入れ、普通の御飯を炊くコースで加熱します。スイッチが切れたら出来上がりです。電子レンジで加熱する場合は、500ワットや600ワットだとこの温度帯をあっという間に通過してしまうのでいまいち甘くなりませんが、150ワットなどの低い出力ならば甘みが出ます。サツマイモの大きさにもよりますが、20分から30分で火が通ると思います。

天ぷら、煮物、汁物が一般的ですが、柔らかく加熱したサツマイモを熱いうちにつぶしておけば、様々に使い道があります。サラダやコロッケだけでなく、濡れ布巾で包んで絞れば「茶巾しぼり」に、四角に成形してゆるく溶いたホットケーキの素をつけて焼くと「芋きんつば」に、角切りのパイナップルを混ぜれば酸味がきいた「きんとん」にもなります。

サツマイモの料理は江戸時代に一気に増えたそうで、江戸中期にはサツマイモの料理本「甘藷百珍」まで出ました。その中で絶品と評されるのが「田楽いも」です。生のサツマイモをすり下ろして型に流して蒸します。蒸しあがると芋ようかんみたいになっていると思いますが、それを適当な大きさに切って串にさし、木の芽味噌や山椒味噌を塗って火であぶると言うレシピです。

良いサツマイモの見分け方はというと、中央がふくらんで形がよいもの、皮にハリがあって傷がないもの、ずんぐりと重いものを選ぶといいでしょう。芽が出ているもの、ヒゲ根が沢山出ているものは避けます。サツマイモは乾燥と寒さに弱いので、冷蔵庫での保管は厳禁です。最適な貯蔵温度は12度プラスマイナス2度だそうです。これより低いと劣化しやすくなりますので、新聞紙に包んで室温で保存すれば1ケ月以上日持ちすると思います。

サトイモ

十五夜の別名は「芋名月」といい、サトイモを供える風習があります。これはお月見が秋の収穫に感謝する祭りだった時代の名残です。ちょうどサトイモが収穫される時期ということもありますが、サトイモは縄文後期には日本に渡来したとされ、大昔は秋に収穫される作物の代表格だったのです。コメより前の日本人の主食だったという説もあります。

余談ですが、東京の六本木に「芋洗坂」という坂があります。江戸時代の後期、1838年に出版された『東都歳時記』という本に「麻布六本木　芋洗坂に青物屋ありて、八月十五夜の前に市立て、芋を商う事、おびただしかりし故、芋あらひ坂と呼びけるなり」と、地名の由来が書いてあります。お月見に供えるサトイモから坂の地名がついたわけです。

お供えする際、正式には生のサトイモなのですが、「衣かつぎ」にしてお供えすれば、お月見しながら食べられて手軽かもしれません。衣かつぎは、小さめのサトイモを洗って濡れたままラップで包み、電子レンジにかければ簡単に出来ます。竹串がすっと通るようになったら、上下の皮を少し切り落とします。ゴマ塩や醤油でシンプルに食べてもいいし、味噌だれで田楽にしてもいいですね。

その他の食べ方としては、煮物、汁物、炊き込み御飯、おでんに入れても美味しいですね。煮物にする時は、肉や魚介と組み合わせるのがコツ。サトイモが美味しくなる上に、サトイモのぬめりによって、肉や魚介のタンパク質の吸収を高める効果もあります。「フライドサトイモ」もおすすめです。皮をむいて一口大に切って素揚げし、塩だけでもいいですし、青のり、カレー粉を振ってもいい。トマトケチャップ、マヨネーズ、バターなど洋風の味付けも意外と相性がいいです。ビールのおつまみにも、お子さんのおやつにもなると思います。

サトイモは、種芋からまず親芋が出来て、その周りに子芋、そのまた周りに孫芋が付いていきますが、親芋を食べる品種と、小芋・孫芋を食べる品種があります。子芋を食べる品種は「土垂」ですとか、衣かつぎにする小ぶりの「石川早生」。親芋も子芋も食べるのは「セレベス」「赤芽芋」。親芋を食べるのは「京芋」で、別名は「たけのこ芋」です。竹の子に似た筒状の芋で、60センチ以上にも育つことがあります。親芋と子芋が塊になっているのが「八つ頭」です。末広がりの八と、人の頭に立てるという縁起をかついで、お正月の煮物やお雑煮によく使われますね。

関西で人気があるものに、「えびいも」というのがあります。時々これを料理の名前と勘違いしている人がいますが、海老のブラックタイガーのように縞模様が入って、腰が曲がった形をしているので「えびいも」です。品種としては「唐《とうの》いも」で、それを土寄せ等の特殊な栽培法で腰の曲がった形に育てます。これも「海老」ですから縁起がいいと、お正月のおせち料理に使われます。

栄養面から見ると、イモ類の中では最もカロリーが低いのが特徴です。サトイモの「ぬめり成分」は食物繊維の一種で、脳細胞の活性化や免疫力を高める効果があるとされています。粘膜を保護して胃炎や胃潰瘍の予防、風邪予防にもなるそうです。また、高血圧の予防にいいカリウムや、食物繊維も豊富なので、生活習慣病が気になる人はぜひ積極的に食べて下さい。

ぬめりを落としたい場合は、皮をむいた後に塩でもむか、いったん加熱します。ぬめりを落とせば、煮物などに味が染み込みやすくなります。ですが、前述の健康効果も失われますので、気にならなければそのまま使って下さい。お正月の煮物などきれいに仕上げたい時は、米のとぎ汁で下茹でするとで白く柔らかくなります。

サトイモをむく時に手がかゆくなるのは「シュウ酸カルシウム」のせいです。山芋やキウイ、パイナップルなどにも含まれている成分で、結晶が針のような形をしています。針と言っても長さは10分の1ミリくらいです。皮に近いところほど多く含まれているので、素手で皮をむくと、手に刺さってかゆみを感じるわけです。シュウ酸カルシウムは酢に反応して溶けますので、かゆい時は酢で手を洗うといいでしょう。

良いものを見分けるには、皮の縞模様がはっきりしていて、まん丸に近くふくらんだもの、コブや割れ目がないものを選ぶといいでしょう。おすすめは泥付きのものですが、よく乾燥しているものを選んでください。湿っているものは傷みやすいです。保存するときは、泥つきのものは乾かないように新聞紙に包んで冷蔵庫の野菜室、又は一個ずつ包んで風通しの良い冷暗所に。洗ってあるものは、買ってきたその日に使い切るようにして下さい。

サトイモの原産地はマレー半島で、大昔、マレー族の移動とともに、世界各地へ伝えられたとされています。東南アジアや太平洋諸島でよく食べられているタロイモもサトイモの仲間で、すりおろして発酵させたり、石焼きにしたり、国によって食べ方も色々です。ポリネシアではタロイモをココナッツミルクで煮たり、ベトナムでは甘い「ぜんざい」にしたりします。昔のハワイの主食はタロイモを蒸して、水を加えてすりつぶしたものだそうです。日本のサトイモの料理法とはだいぶ違いますので、タロイモが近い種類とはなかなか想像しにくいですよね。

あなたはいくつ読めますか？

答え：いも類・豆類編

・馬鈴薯（バレイショ）
・隠元豆（インゲンマメ）
・豌豆（エンドウ）
・絹莢（キヌサヤ）

・自然薯（ジネンジョ）
・枝豆（エダマメ）
・空豆（ソラマメ）
・莢隠元（サヤインゲン）

・薩摩芋（サツマイモ）
・鶯豆（ウグイスマメ）
・蚕豆（ソラマメ）
・大角豆（ササゲ）

・零余子（ムカゴ）
・大豆（ダイズ）
・落花生（ラッカセイ）
・四角豆（シカクマメ）

十月の旬

カボチャ

10月31日はハロウィンですね。最近は日本の街でも10月になるとカボチャの飾り付けをよく見かけるようになりましたね。イギリスのほうが発祥らしいのですが、元は大きなカブをくりぬいてランタンを作っていたそうです。ランタンは、天国にも地獄にも行けない、さまよう亡霊が持つ灯りだということです。この風習が新大陸アメリカに渡りますと、秋に収穫されるカボチャに変わりました。カボチャはもともとアメリカ大陸が原産で、大きいものが採れますし、加工しやすかったのでしょう。

日本では冬至に食べる風習からカボチャは冬野菜だと思われがちですが、カボチャの収穫時期は7月から9月頃。じつは夏に採れる野菜です。原産地も暑い国で、熱帯アジア、アフリカあたり。日本にはカンボジアから伝わったことからカボチャと名付けられたらしいですね。

しかし、カボチャの場合、収穫直後より1ヶ月以上熟成させたほうが、デンプンが糖化して甘味が増しておいしくなります。また栄養価も、採れたてよりも時間をおいたほうが増していきます。よって今の時期からが、食べるという意味では旬と言えるでしょう。

カボチャの黄色い色の元になっている色素こそカロテンで、体の中に入るとビタミンAに変わります。ビタミンAは皮膚や粘膜を強くしてくれますので風邪予防に効果的です。ちなみにこのカロテンは、実よりも中のワタに多く含まれています。ですから、あまり神経質に取り去ってしまわないで、少しはつけたまま料理するといいでしょう。ワタを少し残すと煮付ける時も味がしみやすいです。

ビタミンEの含有量も野菜の中ではトップクラスです。少し食べるだけでも結構な量を取ることができます。こちらは血行をよくする働きがありますので冷え性の方はどしどし召し上がっていただきたいと思います。また、ビタミンB2、ビタミンCなども豊富に含んでいます。

ハウス栽培などがなかった昔、冬場は緑黄色野菜が少なく、ビタミン不足や寒さから身体に不調をきたす人もいたことでしょう。また、カボチャは切らずに丸ごと保存すれば冬場まで長持ちします。

保存のきくカボチャから栄養を補給し、健康な体で冬をこそうとした先人の知恵から、冬至にカボチャを食べると長生きするという風習へとつながったのでしょう。

カボチャは、関東では「トウナス」、関西では「ナンキン」とも呼ばれていますね。煮付けや天ぷらが一般的な食べ方ですが、ポタージュやパンプキンパイなど洋風で食べても美味しいですね。最近では「坊ちゃん」など一般的なカボチャの4分の1サイズの品種も出回っています。丸ごと電子レンジに入れて調理することも出来るので便利ですね。

良いカボチャを見分けるには、大きさの割に重みがあって、皮にはツヤがあり、色むらが少ないものが良いでしょう。ヘタの部分がコルクのように枯れているもの、ヘタのまわりに亀裂が入っているものが完熟している目安です。

カットしたものでしたら、実の黄色が濃いものほど、先に述べたカロテンの含有量が多いということになります。そして肉厚でワタが乾いていないものを選んでください。

購入後は、丸のままなら、気温10℃前後の風通しのいいところという条件で、1ヶ月から2ヶ月、保存できます。カットしたカボチャは、種とワタの部分から傷みますので、スプーンなどで取り除いてからラップをして冷蔵庫に入れます。これで1週間程度保存できます。

ちなみに、ハロウィン用に面白い色や形のカボチャが花屋さんで売られていますが、これは観賞用ですので、飾り終わった後に食べるのには向きません。

ヤマイモ

最近では一年を通して手に入りますが、やはり秋を感じさせる食材はヤマイモだと思います。いわゆるヤマイモの仲間は大変種類が多く、世界には600種類以上もあるということです。

植物学的には「ヤマノイモ科」として分類されます。日本で栽培されたり、利用されたりしているヤマノイモ科の植物は、「ジネンジョ」「ダイジョ」「ナガイモ」の3つに大きく分けられます。

「ジネンジョ」は、山に自生していますが、現在は栽培もされています。粘り気の強いイモです。

「ダイジョ」は、大きな藷《いも》と書き、別名は「ヤムイモ」です。東南アジアやポリネシア、中米・カリブ海周辺で盛んに栽培されていて、北京オリンピックの陸上短距離でジャマイカチームが男女とも表彰台を独占したのは、このイモのパワーとも言われています。ボルト選手の好物だと報道されてもいましたね。ジャマイカでは単純にふかして、主食代わりに食べるそうです。

日本では、九州の南部や沖縄といった暖かいところで栽培されていますが、地元で消費される程度の量です。沖縄では少しですが山に自生もしています。皮は茶色で、切ってみると中は白いものと紫のものがあります。とにかく大きくなるイモで、最大では40キロにもなるのだとか。沖縄では塩漬けの豚肉と一緒に炒めてお正月料理にするそうです。また、他のイモと同じくすり下ろしてとろろにもします。ダイジョのとろろは、ジネンジョに次いで粘りがあるそうです。

ヤマノイモ科でいう「ナガイモ」は、形によってさらに「ナガイモ」、「イチョウイモ」、「ツクネイモ」に細別されます。「山芋」や「とろろ芋」として店頭で売られているものは、これらの総称です。

粘り気の強さ順に並べると、一に「ジネンジョ」、次が「ダイジョ」、「ツクネイモ」、「イチョウイモ」の順で、「ナガイモ」が最も粘りがありません。なお、これらヤマイモを生のまま「とろろ」で食べるのは日本だけだそうです。ナガイモは台湾やアメリカへも輸出され人気になっていますが、あちらでは揚げたり、炒め物にしたりすることが多いのだそうです。

イモ類や穀類に含まれる「デンプン」は加熱調理の工程で糊のような状態に変質されます。これを「アルファ化」と言いますが、こうしないと消化が悪くて食べられないのです。しかし、ヤマイモだけは生の状態で既にデンプンがアルファ化していますので、そのまま食べても問題ありません。むしろ、抜群の消化・吸収力さえあります。ですから麦飯や蕎麦など消化されにくいものと組み合わせられることが多いんですね。また、デンプンを分解する「ジアスターゼ」という酵素は、ダイコンよりも多く含まれているほどです。

粘りの元である「ムチン」という成分も、タンパク質の消化吸収を高めてくれます。胃粘膜を保護する効果があり胃炎や胃潰瘍も予防するそうです。ヤマイモの滋養強壮効果はこのムチンに由来すると考えられています。実験で、ムチンの入った飼料をラットに与えたところ、通常より走行距離が2倍近くにも伸びたということです。

とろろが口についた時に感じるかゆみは、「シュウ酸ナトリウム」によるものです。細い針を束にしたような形をしていて、すりおろされることでこの針がばらばらになって肌をチクチクと刺すのです。かゆみがひどい時は、お酢を水で薄めて拭き取ると早くおさまります。シュウ酸ナトリウムは熱に弱いので、同じとろろでも、スプーンですくって味噌汁に落として「団子」として食べたり、海苔で巻いて「磯辺焼き」にすれば、かゆみを感じることなく食べられます。ただし加熱によってデンプンを分解するジアスターゼの働きが弱まってしまうため、強力な消化酵素をお望みならば、生で、しかもすりおろした「とろろ」で食べるのがベストです。

その他の食べ方としては、フライドポテトのように細長く切って油で揚げても結構です。ほっくりと芋らしい味が楽しめます。短冊切りにして酢のものにするのもいいと思います。また、同量のしょうゆと酒に少々のみりん、唐辛子1本、だし昆布を入れたものに、皮をむいたナガイモを漬けて1日置くと、美味しい漬け物にもなりますよ。

良いものの見分け方は、ツクネイモ、ヤマトイモ、ナガイモとも、切り口が変色していないもの、ずっしりと重いもの、ハリがあって傷が少ないものを選んで下さい。パックされている場合は、中に空気が入ってふくらんでいると、古くなっている可能性があります。

保存方法ですが、まるごと1本でしたら新聞紙に包んで冷暗所に置くとかなり日持ちします。庭があれば、土の中に埋めてしまうのも手です。切ってしまったものは、切り口が空気に触れないように、ぴったりとラップで包んで冷蔵庫の野菜室で保存し、一週間程度で使い切ってください。

食べ切れないほどある時は、すりおろして冷凍保存がおすすめです。食べるたびに鉢やおろし金を出すのも面倒ですから、まとめてすりおろして板のように薄く伸ばして冷凍します。食べる分だけ割って使うといいでしょう。

マツタケ

キノコ類は栽培される種類が年々増え、スーパーのキノコ売り場は一年を通してバラエティ豊かになってきました。しかし、いまだ栽培が出来ないマツタケは秋の味覚の代表格でしょう。高級品ですが、年に一度くらいは食卓にのせてみたいものです。

国産マツタケの産地は、9月中旬の岩手からスタートして、宮城、長野、広島、山口と南下していきます。マツタケはちょっとした気象条件などですぐ取れなくなってしまうので、今シーズンずっと安いとか、高いとか、なかなか言い切れないものがあります。

外国産マツタケは、中国、アメリカ、カナダ、トルコ、メキシコなどから輸入していて、国産よりは比較的安く手に入ります。同じマツタケでも種類は若干違っていて、日本のものに近いのは「韓国、中国、北欧」グループです。いずれにしても、店頭に並ぶまでに国内産より時間がかかっていますので、香りが少なくなるのは仕方ありません。

値段以外でマツタケを選ぶ時のポイントは、軸が太くて弾力のあるもの、傘の裏のヒダが汚れていないもの、傘が半開きで完全に開いていないものを選びます。マツタケは「香りは傘にあり味は軸にある」と言われていますが、この香りは、傘が完全に開くと強くなり過ぎ、時にいやな感じになるからです。また、鮮度が落ちてもせっかくの香りが減ってしまうので、全体がしっとりしていて乾燥していないかもチェックしてください。つまむことが出来れば、軸がフカフカして柔らかなものは虫食いのおそれがありますので避けるようにしましょう。

食べ方はご存知の通り、マツタケ御飯、土瓶蒸し、焼き松茸などがいいでしょう。香りを楽しむものなので和食に向きます。香辛料を使う料理には向きません。マツタケの香りや味の差は、鮮度の差でもあると思います。買ったり、頂いたりしたら、後生大事にとっておかずに早めに食べましょう。外国産のマツタケでも味の差を感じない料理としては、すき焼きがいいかもしれません。本数は少なくても豪勢だし、ご家族で分け合って食べられます。

また、生のまま冷凍してお正月に出せば、珍しいことから喜ばれます。冷凍を調理する時は完全に溶かさないで、半解凍の状態にしてから使います。調理ずみの状態でも冷凍可能です。

さて、江戸時代の料理本を見ると、吸い物、焼き物、蒸し物、寿司など、気軽にマツタケを使っている様子があり、別段〝高嶺の花〟ではなかったようです。『三重県林業要覧』にある明治44年の数値を1キロに換算しますと、1キロのシイタケが1円30銭なのに対し、マツタケは15銭と8分の1以下。この年の米価は米一升が16銭だというんですから、お米1升よりマツタケ1キロの方が安いと言うことになります。当時はシイタケ栽培の技術が未熟で、どちらも天然に頼っていたのでしょうが、そう考えるとシイタケよりマツタケのほうが簡単に手に入ったと思われます。

戦前はシイタケもマツタケも同じくらいの生産量だったそうですが、栽培技術が発達したシイタケは増えていき、マツタケは昭和16年の1万2222トンをピークに下がり続けて、約70年後の平成24年には16トンまで落ち込みました。

マツタケの生産量が減った理由は、栽培できないこと、松林自体が減ったこと、松林の環境が変化してマツタケが生育しにくくなったことなどがあります。現代はマツタケも、生えにくい環境にあるんです。たとえば、松の根元に落ち葉や松ぼっくり、落ちてきた枝などがたまると、そこに別の菌が繁殖し、マツタケの菌は競争に敗れて生えなくなってしまいます。昔は一般家庭の燃料に落ち葉や枝が使われていて、人が入って松林の中を掃除していてくれたために、よく発生したのです。

マツタケもシイタケも菌の仲間ですが、マツタケの場合、菌根菌という特殊な生態です。樹木の根に共生して、生きている木から栄養をもらわないと育ちません。シイタケなどは宿主の木の成分を自分で分解して栄養素に変える酵素を持っていますので、枯れ木やおがくすでも育ちます。かたやマツタケはその酵素がなく、アカマツなど宿主の木が光合成によって得た栄養を直にもらって育ちます。栽培するとなると、生きた樹木と共にやらねばなりません。工場の中などでは難しいでしょう。

しかもマツタケの菌は非常に弱く、ほかの菌が繁殖しないような貧相な土地でないと生きていけないということもあります。栽培に適した樹齢のアカマツや、土地の条件を人工的に作り出すのが難しいので、今のところ栽培が出来ないのです。

白菜

これからの時期、鍋物に欠かせないのが白菜ですね。和食に馴染んでいるため、とても日本的な野菜のように思いますが、意外にも歴史は新しく日本へ入ってきたのは明治になってからです。本格的に栽培されるようになったのは明治19年からで、広く普及したのは昭和の時代です。ですから、もし時代劇に白菜が登場したりしたら、それは時代考証が出来ていないという事になるでしょう。

白菜の原産地は中国で、チンゲン菜の仲間のパクチョイとカブが交配して出来た野菜とされています。日清戦争や日露戦争で向こうに行った兵隊さんが白菜の美味しさを知って種を持ち帰り、日本各地で栽培を始めました。しかしなかなか根付くことはなかったそうです。というのも、白菜は他のアブラナ科の野菜と簡単に交雑してしまうので、次世代はもう違う形の野菜になってしまうのです。味はいいけれど、栽培にコツが必要だったのです。

アブラナ科の植物は自分の花粉で受粉することができないため、他の株の花粉が必要です。すると畑で花を咲かせる時期に、ハチなどが他のアブラナ科の花粉を運んで来てしまうことがあるんですね。そうして出来た種を蒔いても同じ白菜にならないわけです。このような性質のアブラナ科の植物は「浮気が過ぎる」と表現されるくらいです。その後、宮城農学校の先生が、宮城県の松島の小島で他の野菜と交雑しないように育てました。20年もかけて、やっと白菜の品種を固定することに成功したのです。大正11年に初出荷され、そこから日本各地で白菜が作られるようになりました。

最初に日本へ入ってきた品種は中が白いタイプでしたが、今は中の黄色い「黄芯系」が最も多く栽培されています。昭和40年代くらいまでは各家庭で白菜を漬けていたので、丸ごとの白菜ばかりが売られていました。しかしライフスタイルの変化から次第にカットして売られていることが多くなり、切った時に中が黄色いほうが見た目に美しいということで、主流が黄芯系へと変わっていきました。

あんなに白いのに意外とビタミンCが多く、風邪予防や免疫力を高める働きがあります。ビタミンCは熱すると壊れやすいですから、漬け物やサラダで食べると有効です。カリウムも多く、塩分を体の外に出してくれますので血圧が高めの方にはことにおすすめです。白菜は糖質が少ないので、キャベツよりカロリーが低く、ダイエットの味方といえます。

また、発がん性物質の吸収や蓄積を防ぐ「モリブデン」というミネラルが含まれていることもわかりました。アブラナ科の野菜が共通して持つ「グルコシノレート」という辛み成分も少しですが含まれています。これは加熱しても壊れることなく、肝臓の解毒作用を活性化させる成分だそうです。

ここ数年では、中の葉がオレンジ色の新顔白菜も出回っています。白菜とヨーロッパ産のカブを交配した「オレンジクイン」という品種で、青臭さが少なく甘味が強いのでサラダに向いています。加熱するといっそうあざやかになりますから、鍋ものなど料理を美味しそうに見せる効果もあります。漬物にすれば、これまでの常識をくつがえすような鮮やかな仕上がりになります。

抗酸化成分の「シスリコピン」を含むほか、普通の白菜と比べて、繊維質はおよそ6倍、カロテンは5倍、ビタミンCやカルシウムは1・5倍、鉄分は10倍も含まれています。値段は普通の白菜に比べ2割から3割高いようです。

食べ方としては、やはり鍋物、漬物、炒め物、汁物などでしょうか。茹でてから1センチくらいの千切りにしてかつお節とお醤油をかけて「おひたし」に、油揚げなどと合わせて「煮びたし」に、生のまま刻んでサラダでもいけます。白菜はクセがなく淡白な味ですので何にでも使えます。

白菜を選ぶ時のポイントは、ずんぐりしたものを選ぶのがコツです。白菜は寒い中でゆっくり育ったほうが、茎が厚くて味も濃くなります。寒さが来ないと、すくすく背ばかり高くなって味がのってきません。丈が短くて、葉が固く巻いて、持ってみて重いものが良い品です。カット売りの場合は、芯が盛り上がっていないものが新鮮です。

基本的に白菜はあまり日持ちがしません。特にカットしたものは傷みやすいですので、ラップに包んで冷蔵庫の野菜室に入れてなるべく早く食べて下さい。

丸のままならば新聞紙に包んで冷暗所で保存します。この時、寝かせて保存すると下になった葉が重みで傷むので、立てておくようにしましょう。半分や4分の1にカットしてしまうと鮮度が落ちやすいので、外側の葉から一枚ずつはがして使っていくといいでしょう。

少人数のご家庭ならばミニ白菜を利用されてもいいでしょう。高さ20センチ程度のサイズに開発されたもので、立てても冷蔵庫の野菜室にすっぽりおさまってくれます。味は普通の白菜となんら変わりありません。

十一月の旬

水菜

関東の人間にとって「水菜」は近年になって目にするようになった野菜ですが、関西では昔から馴染みのある野菜で、平安時代から栽培されていたそうです。代表的な冬の京野菜で、「店先に水菜が並び始めると冬本番」と言われます。

関東への出荷は１９９０年から始まりました。今では関東エリアでも栽培面積が増え、店先に並ぶ期間も長くなっていますが、やはり旬は11月から真冬にかけてです。

その名の由来は、栽培するのに肥料を使わず、畑の土と水だけで栽培したことから「水菜」だそうです。現在、関東で売られている水菜の多くは、一株が50グラム程度の小さいものが多いのですが、本来の水菜は、大きく育てば一株が３キロから４キロにまでなります。そうなると出ている茎の数も多いので、別名「千筋菜《せんすじな》」とも言います。実際、多いものでは一株から千本も出ているそうです。

一見、栄養がありそうには見えませんが、見かけによらず豊富です。特に鉄分やカルシウムが豊富ですから、鉄分が不足しがちな女性や、カルシウム不足によって怒りっぽい方にはおすすめですね。また、鉄やカルシウムの吸収を助けてくれるビタミンCも多いので、効率よく摂ることができますね。

さらに、血を造る働きのある葉酸も含みますので、貧血ぎみの方や妊婦さんには、ぜひとも召し上がっていただきたい野菜ですね。

選ぶ時のポイントは、茎から葉の先までハリがあってピンとしているもの。茎は真っ白で、葉は緑色が鮮やかなもの。切り口が小さくそこから株が太く出ているものがよろしいでしょう。古くなると水分量が減って、へなへなと弱々しい茎になります。

「最近、お鍋に水菜をよく使うようになりました。でも毎日お鍋というわけにもいかないし、夫と二人なので、よく余らせて腐らせてしまいます。水菜を長持ちさせる方法はないのでしょうか？」とご相談いただいたことがありますが、確かに水菜は日持ちがしません。

まず、根から傷みはじめますので、買うときに根のところに変色がなく真っ白なものを選ぶことが最も重要です。そして食べ切れなかった水菜は、湿らせた新聞紙で包んで、冷蔵庫の野菜室に立てて保存すると、少しは違うかもしれません。とはいえ、長持ちさせると言うよりは、いろいろに料理して早めに食べきってほしいものです。

一番簡単な食べ方はサラダです。ザクザクと切ってチリメンジャコを合わせ、ポン酢やドレッシングをかけるだけです。さっと茹でておひたしにして、かつお節をかけて食べても美味しいですし、塩もみにすれば浅漬けにもなります。鍋料理との相性は抜群で、ことに肉や魚介類の臭みを消す効果がありますので、鴨や牡蠣など少々クセのあるものと一緒にぜひ使ってみてほしいと思います。

シイタケ

ラジオ番組のほうへ、「近所のスーパーで売っているシイタケで、時々〝原木栽培〟と書いてあるものがあります。よくある〝菌床栽培〟というのと、味は違いますか？」とのご質問を頂きました。

原木栽培というのは、1メートルほどに切ったシイの木とか、コナラやクヌギに穴を開けて菌を埋め込んで、温度と水の管理をしながら栽培し、半年から1年かけて収穫する方法です。大きさは不揃いです。

菌床栽培というのは、おがくずに米ぬかなどの栄養分を加えてブロック状に固めたものに、キノコの菌を打って栽培し、3ケ月ほどで収穫できます。こちらは大きさが揃っています。シイタケの香り、歯ごたえは原木栽培の方が強いようです。

シイタケそのものの味をしっかり味わいたい時は、原木シイタケを選ぶといいでしょう。ほかの食材とバランスを取りたい時、たとえば「茶わん蒸し」などに使う時は、菌床シイタケのほうが、卵の味を邪魔しないと思います。料理によって使い分けてはいかがでしょうか？

シイタケの栽培が行われはじめたのは、江戸時代の初期からと考えられています。もちろん最初は原木栽培です。シイやクヌギなどの木に傷をつけ、そこに飛んできた胞子が自然につくのを根気よく待つという原始的な栽培方法でした。

天然のシイタケは、平安時代から食べられていたようで、同じ頃、弘法大師が中国から干しシイタケの食習慣を伝えたと言われています。ちなみに国産の干しシイタケは、菌床では質のいいものが出来ないということで、主に原木栽培のシイタケから作られています。


栄養面から見ると、ビタミンB類と、「エリタデニン」という成分が含まれていて、これは体内で作られるコレステロールの量を調整する働きがあるそうです。血液中の悪玉コレステロールを減らしてくれて、高血圧や動脈硬化を予防すると言われています。

またシイタケには日光に当てるとビタミンDに変わる成分が含まれています。ビタミンDはカルシウムの吸収を助ける働きがあります。干しシイタケでなくても、料理に使う前のシイタケにしばらく日光浴をさせるだけで、同じ効果が得られます。

良いシイタケを見分けるには、肉厚で、傘が開きすぎていないもの、裏は白くてヒダがきれいなもの、軸は太くて短いものを選ぶといいでしょう。〝シイタケ選び〟の短歌を作ってみましたよ。
「肉厚で　傘はほどほど　裏は白　ヒダはきれいで　軸は短足」

購入したシイタケを長持ちさせるには、ヒダや軸を上に向けて保存してください。ヒダを下にすると胞子が落ちて、黒ずんできてしまいます。意外かもしれませんが、冷凍保存もできます。密閉容器に入れて、ひだを上に冷凍すると1ケ月位もちます。日に当てて干しシイタケにしたものをビニール袋に入れて冷凍すれば、さらに日持ちします。調理の際は、凍ったまま加熱するといいでしょう。

ユリネ

ユリネは、10月から12月頃まで多く出回りますね。栽培の歴史は古く、17世紀から始まったとされています。漢方薬の材料にもなり、縄文時代からもう食べられていたとも言われています。

明治時代までは全国で栽培されていたようですが、今は北海道産が98%。残りは東北で栽培されています。涼しい気候が質のいいユリネを育てるようですね。北海道内での大産地は真狩村。ほとんどの農家がユリネを生産しているそうです。

ただし食べる方では関西が大消費地で、次が東京。ですが、東京は関西の4分の1程度に過ぎません。圧倒的に関西で食べられている野菜です。

関西の高級割烹では、丸のまま切り込みを入れて「ぼたんの花」のようにして甘く煮たり、ほぐした鱗片の一片一片に切り込みを入れて「桜の花びら」をかたどったりと、細工物に使われます。

実はユリネはかなり器用な野菜で、炒め物、和え物、揚げ物にも使えます。まず、よく洗ったら、根のまわりに包丁を入れて、えぐり取って、鱗片を一枚ずつ剥がします。この状態で中華風の炒め物にしたり、かき揚げにしたりすると、ホクホクした食感で美味しいですよ。ほかには、「がんもどき」や「茶碗蒸し」に入れたり、梅肉で和えたりします。

はがした鱗片を下ゆでしてからゴマ和えにしても結構です。茹でたものを裏ごしして「きんとん」にすると、真っ白で上品なものが出来ます。意外にも、牛乳や卵との相性もいいので、グラタンに入れたり、オムレツの具にしてもいいんです。じゃがいもと同じように使ってみてはいかがでしょうか。

食べた感じではじゃがいもを上品にしたような味ですが、栄養面でもじゃがいもより上を行きます。

炭水化物、タンパク質共に、加熱後の栄養分の損失が少ないのが特徴です。また余計な塩分を体の外に排出して高血圧を予防してくれるカリウムの含有量は、野菜の中でもトップクラスです。食物繊維の一種グルコマンナンを含んでいて、胃腸の粘膜を保護したり、コレステロール値が上がるのを防ぐと言われています。お正月のものと決めつけず、普段の食卓にもユリネを取り入れていただきたいですね。

良いユリネの見分け方は、全体的に色が白く、重みがあり、形がまん丸く、鱗片のひとつひとつにハリがあって、固く締まっているものを選ぶといいでしょう。表面の傷や、茶色に変色しているものは避けてください。全体に紫色がかったものは、苦みが強い傾向がありま す。その場合は、下茹でする時に酢か日本酒を少し入れるといいでしょう。

保存は、おかくずに詰めたままにしておけば、かなり鮮度が変わりません。それでも一ヶ月位をめどに使っていただきたいですね。お正月用に使う場合は、12月に入ってから買うのがいいでしょう。

「食用のユリネは、花を楽しむユリと種類は同じですか？」という質問を頂くことがあります。ユリネはニンニクと同じように、白いウロコ状の鱗片が重なりあって一つの球根になっています。根を食用に出来るユリは限られていて、鬼ユリ、小鬼ユリ、山ユリの3種類です。これらはどれも根に苦みがないか、少ない種類です。山ユリのように食用と観賞用を兼ねる品種もありますが、ユリネとして栽培されているのは、ほとんどが小鬼ユリという品種を改良した物です。苦みが少ないので食用に向くんですね。

ちなみにユリを漢字で書くと「百」に「合う」ですが、これはユリネの一片一片が幾重にも重なりあっている様子から、当てられた漢字だそうです。

さて、ラジオ番組へ、「市販のユリネを土に植えれば、ユリネが収穫できますか？」とのご質問を頂きました。結論から言うと可能です。しかし収穫まで3年はかかります。その間、花を楽しむことは出来ません。花が蕾の小さいうちに摘んでしまわないと花に栄養がいってしまって、根が大きく育たないからです。また病害虫などの対策も面倒だと聞いております。ということから、ご家庭での栽培はおすすめしかねますが、いただき物がたくさんあって食べきれず、土に埋めて花を楽しみたいということでしたら、話は別になりますね。

ブロッコリー

鮮度を保つ技術の発達によってカリフォルニア産のブロッコリーが一年中お店に並ぶようになりましたが、国産ブロッコリーは11月から旬を迎えます。

ブロッコリーとカリフラワー、さらにキャベツも、もともとは一つの野菜だったそうです。地中海東部が原産の「ケール」という野菜で、その葉が大きく丸く結球するようになったのがキャベツ。つぼみの部分が発達して、食べられるようになったのがブロッコリーやカリフラワーです。

そして、ブロッコリーが突然変異で白くなったのがカリフラワーで、今ではカリフラワーは日光を避けて軟白栽培しています。

日本で普及し始めたのは、第二次世界大戦後です。食生活が洋風化するにつれ、一般のご家庭でも食べられるようになりました。最初はカリフラワーのほうが人気でした。白くて美しいですし、茹でるとほのかに甘く、マヨネーズによく合うところが当時の日本人に受けたのだろうと思います。

しかし昭和57年（1982年）に食品成分表が改定されたのを機に、ブロッコリーの栄養価に注目が集まりました。折しも、緑黄色野菜を食べましょうという機運が盛り上がってきた頃でした。

西洋野菜のなかでもブロッコリーはこの15年でトップクラスの伸びがあり、あっという間に、生産量、消費量ともカリフラワーをしのぐ存在となりました。今では、ブロッコリーはカリフラワーの三倍もの生産量になっており、日本人にとってホウレンソウと並ぶ緑黄色野菜の代表格となりました。ホウレンソウだと和風の味付けになりがちですが、ブロッコリーは和・洋・中、何にでも合うという点で重宝がられています。お子さんにもブロッコリーのほうが、受けがいいようですね。


ブロッコリーのビタミンC含有量は野菜のなかでもトップクラスです。つぼみの部分にはレモンの約2倍もの量が含まれています。茎の部分はさらに多くのビタミンCが含まれ、食物繊維もたっぷりです。茎を捨ててしまう方もいますが、もったいないのでぜひ食べてもらいたいものです。

他にも、カロテンや、カルシウム・鉄分・カリウムなどのミネラル類も豊富です。生活習慣病が気になる世代にもおすすめの野菜です。

ブロッコリーの茎は柔らかくてアスパラガスのようなので、イギリスでは「イタリアン・アスパラガス」という別名でも呼ばれています。ちなみに、ブロッコリーはもともとイタリアで広く食べられていた野菜で、名前もイタリア語で「小枝」を表す「ブロッコ（brocco）に由来しています。

良いブロッコリーの見分け方は、とにかくつぼみの部分がよく締まっているもの、茎の切り口がみずみずしいものを選ぶといいでしょう。花蕾の色が濃い緑色のものは、日に当たっていて柔らかく甘みがあります。紫色のものは、霜に当たったもので甘みが濃く、茹でればきれいな緑色になります。

鮮度が落ちているものは、つぼみは花開こうと黄色くなっていて、全体がゆるみがちになっています。切り口にスが入っているものも、選ばない方がいいでしょう。

生のまま野菜室に入れておくとあまり日持ちがしないので、茹でてから保存することをおすすめします。小房に分けてから、熱湯に塩ひとつまみ加えて固めに茹でてください。水に取らずにザルに上げてさましてから、密閉容器に入れて冷蔵庫に入れます。これで、2〜3日は保てます。

しっかりと水気を切って、ブロッコリー同士くっつかないよう離してジッパー付きの袋に入れれば、冷凍しても大丈夫です。この時も固めに茹でるのがポイントです。そうでないと、解凍した時にまるで歯ごたえのないものになってしまいます。茹でる目安は1分以内です。使う時は、電子レンジで解凍するか、凍ったまま調理してください。お弁当ならば凍ったまま入れると、昼までにちょうど解凍されるでしょう。

食べ方としては、サラダやグラタンなどの洋風や、炒め物などの中華風はみなさんレパートリーにされているでしょうが、和風の料理にもチャレンジしてみてください。おひたし、ゴマ和え、辛子和え、天ぷらなどもよく合います。残った茎は、キンピラにすると美味しいです。

ここ数年では、ブロッコリーの芽も注目され、「ブロッコリー・スプラウト」という名前で売られています。スプラウトとは「新芽」という意味です。発芽して10日ほどの6センチから7センチのもので、この時期のものは、成長したブロッコリーよりもビタミンやミネラルが多く、しかも熱を加えても壊れにくいのだそうです。また抗がん作用にも優れているということで脚光を浴びました。

スプラウトは、そのままサラダで食べるだけでなく、欧米ではサンドイッチの具として一般的になっているそうです。さっと炒めてもいいですし、クセが無いので汁物の実に使っても結構です。

カリフラワー

日本では、カリフラワーは晩秋に旬を迎えます。ブロッコリーのページでも紹介しましたが、カリフラワーとブロッコリーは別物ですが、どちらも地中海の東部沿岸に自生していた丸くないキャベツにルーツがあります。

厳密に違いを言うと、ブロッコリーは花のつぼみを食べるもので、放っておくとあっという間に花が咲いてしまいます。一方、カリフラワーはつぼみになる寸前のカートという状態が肥大化していて、放っておいても、全部蕾にはなりませんし、花も一部しか咲きません。葉でくるむようにして栽培するので白くなりますが、陽に当たれば黄色みをおびてきます。

カリフラワーは、昭和30年代の高度成長期時代には、アスパラガス、セロリと共に、白い洋風野菜の代表格でした。残念ながら今では、ブロッコリーの方へ人気の軍配があがっています。

さて、ラジオ番組へ「ブロッコリーよりカリフラワーが好きでよく買いますが、一人暮らしのため食べ切れず、最後の方は黒ずんだり、黄ばんだりしてしまいます。上手な保存方法がありましたら教えてください」というご質問を頂きました。

カリフラワーは、基本的には丸ごとで売られているので、一度には使い切れないかもしれませんね。生のままだと鮮度が落ちやすいので、小房に分けて固めに茹で、冷めてから密閉容器に入れて冷蔵庫で保存するのをおすすめします。

同じようにすれば冷凍保存も可能です。冷凍する時には、水気が残っていると解凍した時の食感が悪くなるので、茹でた後は水にさらさないでザルに上げ、自然に冷ますのがコツです。最近では、ミニカリフラワーの品種も出てきました。普通のカリフラワーが直径15センチくらいとすれば、ミニは10センチくらいの使い切りサイズです。こちらを利用されるのもいいでしょう。

料理としては、洋風ばかりでなく、中華風、インド風もお試しください。カリフラワーの生産量を見ると、一位が中国で世界全体の44％、二位がインドで29％を占めています。その下は同率で、スペイン・イタリア・フランスでどれも3％です。中国とインドでいかにカリフラワーが食べられているかがわかります。中華料理の炒め物や、カレーの具にも使ってみてください。

なお、カリフラワーはあの白い見た目と違って、けっこうアクが強いものです。グラタンなどの料理に使うにも、まずは一度下茹でして下さい。その際は、お湯にレモンを一切れ、もしくはお酢を少々入れますと、アクで色が変わるのを防いでくれます。アクを嫌って長々と茹ですぎると、せっかくのビタミンCが壊れてしまいますからご注意下さい。

カリフラワーの変わり種品種としては、白色でなく、オレンジ色の品種「オレンジブーケ」や、紫色の品種「バイオレット・クイーン」も登場しています。

また、ブロッコリーとの間に出来た黄緑色の「ロマネスコ」という品種もあります。これは花蕾の形や付き方が変わっていて、先のとがったサンゴの形のようなものが放射状に集まっています。「ロマネスコ」はイタリア生まれで、イタリア料理ではおなじみのカリフラワーだそうです。クリスマス・パーティなどで使うと、目をひく個性的なフォルムに食卓が華やぎ、盛り上がるかもしれません。

栄養面では、ついついブロッコリーと比べられて、かわいそうなカリフラワーですが、ビタミンCの含有量は野菜の中でもトップクラスです。カリフラワーは加熱後のビタミンCの損失量が少ないので、加熱したブロッコリーと遜色ないという資料もあります。風邪の予防にもぜひ召し上がってください。また、疲労物質を体の外に出してくれるビタミンＢ1や、目や喉の粘膜を健康に保つビタミンＢ2も多く含まれています。白菜のページでも紹介していますが、カリフラワーもアブラナ科なので、「グルコシノレート」という成分があります。肝臓の解毒作用を活性化してくれるということです。

良いカリフラワーを見分けるポイントは、まわりに付いている葉がみずみずしいもの、花蕾が白からクリーム色でしっかりと引き締まっているもの、ずっしり重いものを選ぶといいでしょう。花蕾に黒や黄色のシミがあるものや、表面が灰色がかっているものは鮮度が悪い証拠です。

十二月の旬　ねぎ

寒さが増すとおいしさが増す「ねぎ」は、大きく分けると、関東に多い長ねぎの「千住ねぎ系」、関西に多い青ねぎの「九条ねぎ系」、そして下仁田ねぎでおなじみの「加賀ねぎ系」があります。

「博多万能ねぎ」や「子ねぎ」というのは九条ねぎの一種で、栽培法を工夫して若採りしたものです。

昔は、関東は白いねぎ、関西は青いねぎを食べると決まっていたものですが、輸送が良くなったので、今は料理によって両方を使い分けるようになりました。

日本蕎麦の薬味には長ねぎですし、ねぎま鍋も長ねぎでしょう。すき焼きには下仁田ねぎを使うと、とろりと濃厚な甘みが出ておいしいです。関西ですき焼きなど鍋をする場合は九条太ねぎが良く使われます。ちなみにねぎが大量消費されるようになったのは、明治に入ってからです。今で言うすき焼き、当時の牛鍋屋さんが流行ったのがきっかけだそうです。食べ慣れない牛肉のクセを消すのに、ねぎが役立ったのでしょう。

栄養については、どの種類のねぎも、白い部分にはビタミンCが多く、緑色の部分にはカロテン・カルシウムなどが含まれています。ねぎは風邪の予防にいいということは体験的に知っているかと思いますが、これはあの独特の匂いの元である「硫化アリル」という成分によるものです。硫化アリルは交感神経を刺激して体温を上昇させ、風邪のウィルスを退治してくれます。また脂肪燃焼、疲労回復、リラックス効果もあるということです。

購入の際は、長ねぎは、巻きが固くしっかりしているもの、葉がしおれていないものを選びましょう。青いところと白いところがはっきり分かれているものは、丁寧に土をかけて育てられています。青ねぎの類いは、緑色が濃くて、根が乾燥していないものを選ぶといいでしょう。

全国に多くの種類があるねぎですが、特にこの時期おすすめしたいのは、毎年12月から出荷が始まる群馬県下仁田町の「下仁田ねぎ」です。下仁田ねぎは、普通の長ネギの変種と見られていますが、他の土地に移すと、あのようには育たないと言いますので、下仁田町の気候と土壌が関係していると思われます。

空っ風が名物の群馬県でも、三方を山に囲まれている下仁田町は比較的穏やかな気候。石の混ざった粘土質の土壌のため水はけがよく、腐りやすいねぎの栽培に向いています。

育て方も普通のねぎとは違います。江戸中期に群馬県の旧・下仁田村の佐藤さんが、栽培法を確立したと言いますが、一般的な長ねぎの場合、半年ほどで収穫できるのに対し、下仁田ねぎは1年以上かけて、植え替えなどしながら、じっくり育てたものです。

江戸時代には、別名を「殿様ねぎ」とも呼ばれ、各地の大名から引き合いが多いねぎでした。明治になって、富岡周辺で養蚕・製糸業が盛んになりますと、今度は取引先へのお歳暮などに、下仁田ねぎが使われるようになり、徐々に一般の方にも知られるようになったのです。

しかし、前述しましたように、育てるのに時間がかかるねぎですから、戦時中、食糧難の時代に下仁田にも、生育の早い品種のねぎが導入されて、交雑が進んでしまいました。戦後あらためて、優良な種を選んで生育を始め、今日のような有名ブランドにまで育てあげたわけです。

ねぎの辛み成分である硫化アリルは加熱すると甘みを増しますが、この成分を一般的なねぎの3倍も含んでいるのが下仁田ねぎです。あの濃厚な甘みはそこに秘密があります。逆に言うと、生で刻んで薬味にしたら、辛すぎるということ。とにかく加熱して食べるのがよいねぎです。すき焼きをはじめとする鍋物だけでなく、かき揚げ、串カツに使っても美味しいでしょう。

いずれにせよ短めに切って使いませんと、アツアツでとろりとした芯が口に飛び込んできてやけどすることもありますから、ご注意ください。ちなみに欧米でよく食べられる「リーキ」という太いねぎがありますが、こちらは茹でてホットサラダやグラタンにも使われます。

下仁田ねぎも同じように料理することができます。

春菊

春に菊に似たマーガレットのような花を咲かせることに由来して、その名がつけられた「春菊」。春の菊と書きますが、その旬は12月。冬から春先にかけての時期が、茎が柔らかく香りがいいためです。

原産地は地中海沿岸で、日本には室町時代に伝わったと言われています。しかし、ヨーロッパなどではもっぱら観賞用で食べられてはいません。食用にするのは、中国・日本・インドなどアジアだけのようです。

選ぶ時のポイントは、緑色がみずみずしくて、茎があまり太くないものが良い品です。

春菊は、基本的に保存がきかない野菜だと思ってください。鮮度が落ちるのが早く、急激にビタミンやカロテンなどの栄養価も下がってしまいます。そのため主産地は、千葉県や茨城県、群馬県、または大阪府というように、消費地に近いところにあるくらいです。

それでもどうしても保存したいという場合は、湿らせた新聞紙で包んでからビニール袋に入れて、冷蔵庫の野菜室に春菊が生えていた時と同じように立てて入れてください。もしくは、固めに茹でて水気をよく絞ってから、使いやすい長さに切ってラップに包んで冷凍保存するといいでしょう。この時、水気をしっかりと絞っておかないと、解凍した際にびしょびしょになってしまいますので注意してください。

春菊は栄養価の非常に高い野菜の一つで、例えば、体内でビタミンAに変わるカロテンは、水菜はもちろん、小松菜やほうれん草よりも多く含まれています。これらの栄養素によって、乾燥肌を改善したり、肌の老化防止にも効果が期待できます。もちろんビタミンCも豊富ですから、しみ・そばかすも防ぎます。要は、美肌を作る野菜と言えるでしょう。こう聞くと女性は、だんだん春菊を食べたくなってくるのではないでしょうか？ さらに言うと、あの香りが自律神経に作用して胃腸の働きを整えるとされ、消化吸収を助け、便秘解消にも役立つと思います。

春菊は鍋以外の調理法は無いとお考えの方が少なくないようです。しかし、おひたしやごま和えにすると、他の野菜では得られない風味があります。さっと茹でたものに醤油ドレッシングやゴマドレッシングをかけて食べてもよいでしょう。かき揚げにしても美味しいですし、煮物の〝青み〟にしてもいいですし、味噌汁もいけます。また、葉の部分は生のままサラダでいただくのもおすすめです。

小松菜

関東のお雑煮と言えば「小松菜」が付き物です。柔らかい上に下茹でせずにそのままおつゆに入れられることから、よく使われるようになったのではないかと思われます。

一年中出回っていますが、本来は冬の野菜です。霜が降りるような頃になりますと、葉が肉厚で柔らかくなり、アクが抜けます。また寒さに強く、霜に当たると甘さが増しますので、お正月の頃にちょうど旬を迎える青菜だったということもあるでしょう。最近は、あえて冬の寒さにさらして旨みを濃くした「ちぢみ小松菜」もあります。

元々、小松菜は江戸時代半ばまで「葛西菜」と呼ばれていたそうですが、今の江戸川区小松川の住人・椀屋九兵衛がこれを改良して「小松案」と名づけたと言われています。他に、小松川に鷹狩りに来た徳川綱吉、もしくは吉宗が、この菜を食べて感銘を受け、「小松菜」と名づけたという説もあります。

かつては東京が、作付面積、生産量がともに全国1位でした。現在は作付面積で埼玉が1位、次いで東京、神奈川、千葉、群馬と続き、関東の1都4県で、全国のおよそ50％を占めています。今も江戸川区は、東京都内の小松菜の収穫量のおよそ4割を占める一大供給地になっています。

小松菜はほうれん草に比べて、えぐみの元であるシュウ酸が少ないので、下茹でしなくても、和・洋・中、色々な料理に使うことができます。お雑煮の他には、油揚げなどと一緒に煮浸しにするのもいいし、中華風の炒め物にも最適。クリーム煮や、刻んでワンタンの具に使っても、色みがきれいで味もよろしいようです。

栄養面でも、小松菜はとても優れた野菜です。例えば、カルシウムはほうれん草のおよそ4倍も含まれていて、野菜の中ではトップクラス。その含有量は牛乳並みだそうです。同時にカルシウムの吸収を助けるというビタミンKも含んでいます。育ち盛りのお子さんや、骨粗鬆症が気になる世代にもおすすめです。カルシウムはタンパク質と組み合わせると吸収率が高まりますから、鶏肉・豚肉、大豆製品や玉子などと一緒に料理するとさらに効果的でしょう。

ビタミンCはほうれん草並みに豊富なので風邪予防にいいですね。カロテンも多いので皮膚や粘膜を丈夫にします。カリウムも多いですから、血圧が気になる人もぜひどうぞ。

購入する時は、葉先がピンとしてみずみずしく、緑色が濃くて肉厚のものを選びましょう。葉がしおれて黄ばんでいるものは鮮度が落ちています。

小松菜はほうれん草よりも日持ちが悪く、すぐに葉がしおれてきて黄ばみだします。買ってきたその日のうちに食べ切ってほしいところですが、お正月など保たせたい時もあるでしょう。その場合は霧吹きで全体を湿らせて、新聞紙にくるんだ上でビニール袋に入れ、生えていた時と同様、根を下にして冷蔵庫の野菜室で保存します。

または、新鮮なうちに固めに茹でてしっかり水気を切り、適当な長さにカットしてからラップに包んで小分けして冷凍保存してください。

ダイコン

冬野菜の主役の一つ、ダイコン。一年を通して出回っていますが、元々は冬に旬を迎えます。現在は、甘い青首ダイコンが主に流通していますが、神奈川県の「三浦大根」、東京都の「練馬大根」や「亀戸大根」、関西で人気の「聖護院大根」、丸くて大きい鹿児島県の「桜島大根」、ゴボウのように細い愛知県の「守口大根」などの、地方の伝統品種なども含めて全国には１００種類以上ものダイコンがあると言われています。

良いダイコンの見分け方は、肌が白くてつやがあるもの、ハリがあって、しなびていないもの。大きさの割に重量感があるものが良い品です。ひげ根が少ないほうが緻密な肉質を持っていて、ひげ根の穴が一直線に並んでいるもののほうが、甘くて美味しいと言われています。多少曲がっていても味には影響ありません。鮮度が最も大切です。一方、ヒゲ根が多いものや、毛穴が深いものは上手く成長できなかったものなので、避けるようにしましょう。

時々、ダイコンの内側に、ぽつぽつと小さな空洞が出来ていたり、実がスポンジ状になっていたりすることがあります。この状態をスが入っているといいます。漢字で書くと骨粗鬆症の「鬆」という字を書き、「ス」と読みます。要はスカスカになるという意味です。

スが入る原因には、ダイコンなどの根菜類が育っていく段階で、高い気温などの条件で急速に大きくなりすぎた場合、内側の成長が追いつかずに空洞が出来てしまうことがあります。

購入時にスが入っているかどうか見分けるには、葉の茎の切り口を見るとわかります。そこがスカスカになっているようなら、ダイコン本体にもスが入っている可能性があります。

成育段階での原因の他に、保存方法に問題があってスが入ることもあります。購入後に葉をつけたままで保存していると、だいこん本体の水分が葉からどんどん逃げていき、スが入ってしまうことがあるのです。葉を切り落とせば成長をストップさせる効果もあり、スが入りにくくなります。

購入後はすぐに葉の部分を切り離し、それぞれをラップでピッチリ包んで、水分を逃さないようにするといいでしょう。

なお、スガ入ったダイコンは食べても問題はありません。「大根役者」という言葉があるように、まずダイコンであたることはないとされています。スが入ったくらいでは何ともないのですが、口当たりが悪いでしょうから、ダイコンおろしにでもして食べてはいかがでしょうか。

ダイコンの葉には、ビタミンCや、体の中でビタミンAとして働くカロテンが豊富で、野菜にはあまり含まれていないビタミンEまで摂ることが出来ます。カルシウムや食物繊維も豊富です。さっと茹でてから刻んで菜飯にしたり、納豆に混ぜると美味しく食べられます。葉を、千切りにした根と一緒に塩漬けにすると「大阪漬け」になります。すべてを無駄にしない大阪の智恵なんでしょうね。

ダイコンの本体にも、葉ほどではありませんがビタミンCやカルシウムが含まれています。こちらは「ジアスターゼ」など酵素の働きが期待出来ます。ジアスターゼはデンプンを分解する効果がありますので、餅、御飯、麺類などの消化を助け、年末年始の食べ過ぎによる胸やけも防いでくれます。ただし、この成分は熱に弱いため、効果を期待する場合は加熱せずに「ダイコンおろし」「漬物」「サラダ」といった料理法で召し上がるといいでしょう。

それから、ダイコン本体に含まれるビタミンCは、皮に近いところに多いのをご存知でしょうか？　皮をむくときは少し厚めにむいて、漬物などにして捨てずに食べるといいでしょう。

また、青首ダイコンは部位によって味に違いがあります。葉に近いほうは甘く、尻尾に近い方は辛みが強い傾向があります。サラダで食べる時は上のほうを、ダイコンおろしには尻尾のほうが向きます。煮物にする時は、米のとぎ汁を使って下茹でするとダイコンの苦みが米のデンプンに吸い取られ、甘く仕上がります。とぎ汁がなければ、米をひとつまみ入れても同じ効果があります。

それから、すりおろし方でも味が変わってきます。甘いダイコンおろしにしたい時は、葉に近い上のほうを使っておろし金の上でやさしく円を描くように丸くすりおろします。辛いダイコンおろしにしたい時は、尻尾に近いほうを使って直線的に力強くすりおろします。

二日酔いの時は、後者の辛いダイコンおろしを食べるとスッキリしますよ。ダイコンおろしに含まれているビタミンCとピリッとした辛味成分が、肝臓の解毒作用を助けてくれる働きがあるからです。この効果を期待する時は、できれば皮ごとおろすのがいいでしょう。

最近では、「からみ大根」などという昔ながらの強い辛味を持つダイコンも流通にのるようになってきました。こちらは主に大根おろし専用です。焼き魚に添えたり、おろし蕎麦に使ったりするには、ある程度辛みのあるダイコンの方が美味しいですね。

なお、すりおろした瞬間からどんどんビタミンCが失われていきますが、これを抑えるのがお酢です。ユズやスダチなどのしぼり汁をかけても有効です。辛みも和らぎますので、一石二鳥です。

レンコン

レンコンは葉から取りこんだ酸素を茎や根に送り、これと土に含まれる鉄分が反応すると赤茶色になります。赤茶色のレンコンは秋口に見られることが多いのですが、これは葉が生き生きとしていた証拠です。冬に採るレンコンは葉が枯れていますので、酸素を送り込まなくなり、自然と色が白くなっていきます。

秋口に出回る「新レンコン」は、柔らかくあっさりした味ですが、冬のレンコンは粘りが出て甘みも増してきます。本来の旬は、やはり冬でしょう。

レンコンはハスの地下茎が大きくなった物ですから、水の下、泥の中にあります。大産地の茨城県では、巨大なホースで水を送って強烈な水圧で泥を飛ばしながら、水の中で探って掘っていきます。徳島県では池の水を抜いてから、小型のショベルカーで泥を30センチほど掘って、そこから手掘りになります。どちらも寒くて重労働ですが、レンコンは掘り出して溜めておくわけにはいかないので、寒い収穫時期に掘るしかありません。掘り出して放っておくと切り口から傷んでしまいます。

良いレンコンの選び方は、太さがあってまっすぐなもの、持って重量感があるものが良い品です。皮にはキズや黒ずみがなくて、真っ白ではなく少し黄色がかっているのが自然な色。ただし赤っぽい褐色の部分があるものは、レンコンが排出した酸素が土の中の鉄分と結び付いたものなので問題ありません。表面がカサカサなものは古いので、しっとり感があるものを選びましょう。

カットされているものと、両端に節が付いているものを選べる時は、節が付いているものを選ぶといいでしょう。節があると鮮度や味が長持ちします。カットされているものは、切り口が白く、穴の大きさが揃っているものが良い品ですが、早めに使い切ってください。ちなみに、芽に近い方が柔らかいです。丸っこい形をしているものが芽に近い節です。

レンコンは乾燥を嫌います。節が付いたものを丸ごと保存する時は、濡れた新聞紙で包んでからビニール袋に入れて冷蔵庫の野菜室へ。10日を目安に食べてください。カットしたものを保存する時は、穴に空気が通らないようラップで包んで冷蔵庫の野菜室へ。こちらは4～5日で食べてください。冷凍保存する時は、輪切りにして酢を入れた水から軽く茹で、水気を拭いてから保存用袋に入れて冷凍庫へ入れてください。

一見、たいした栄養がなさそうに見えますが、レンコンの実力はスゴイのです。まず「ビタミンC」が多く含まれています。ビタミンCは熱に弱いのですが、レンコンに含まれる豊富なデンプンに保護されて、加熱しても相当量のビタミンCが残ります。今の時期は、風邪予防にどんどん食べていただきたいです。それから、レンコンの断面から出る細い糸は「ムチン」という成分ですが、鼻や気管支の粘膜を保護したり、強くしたります。さらにレンコンのポリフェノールには、アレルギーを抑えてくれる種類のものも含まれているということです。このポリフェノールは脂肪肝を改善する効果もあるそうです。お酒を飲むお父さんにも、レンコン料理を出してあげてほしいものです。

食べ方としては、煮物、酢の物、きんぴら、天ぷら、ちらし寿司、中華風炒めでも美味しいです。すり下ろして「ハンバーグ」や「肉団子」にするとモチモチした食感が楽しめ、みじん切りにして混ぜるとサクサクした歯ごたえが楽しめます。穴から「先を見通せる」とゲンを担ぐ縁起物でおせち料理にはかかせませんね。「お煮しめ」「酢ばす」などにして祝い膳に載せます。野菜ではめずらしくビタミンB6を含んでいて、肝臓の働きも助けてくれるそうです。食べ過ぎ、飲み過ぎになりがちな年末年始にはぴったりな野菜ですね。

ハスの原産地はエジプトともインドとも中国とも言われています。最初は花を楽しむものだったのですが、中国で根の食用品種が開発されました。日本へは、まず観賞用のハスが5世紀ごろ入って来ました。鎌倉時代には食用品種が渡来し、観賞用と区別されるようになったそうです。

レンコン栽培は水田を蓮池にして作るのが一般的です。葉は水面から1メートル以上伸び、夏にはきれいな桃色をしたハスの花が咲きます。この花が咲き終わった後が、蜂の巣のように見えることから「蜂巣《はちす》」、それが縮まって「ハス」と呼ばれるようになったそうです。食べるのはその地下茎、泥の中にある茎の部分で、ハスの根っこのように見えますから、音読みで「蓮根《れんこん》」というわけです。

レンコンを食用にする習慣があるのは、日本と、中国・台湾だけのようです。中国では蓮の実もよく食べますね。漢方では滋養強壮によいとされます。またレンコンの節も「藕節《ぐうせつ》」と言って東洋医学では昔から生薬の一つでした。日本では「先が見通せる縁起のいい野菜」ですが、中国では「強壮作用のあるスタミナ野菜」という位置づけなのだそうです。

各地のお城の掘り割りにも植えられていることがありますが、栄養豊富なので戦時の非常食の役割もしていたらしいです。また、熊本県の郷土料理に「からしレンコン」という料理がありますが、これは病弱だった細川のお殿様のために考え出されたものだそうです。

おわりに

古来中国では、「天を支えるものは人であり、人を支えるものは食べ物で、その半分は野菜である」と言われてきたそうです。

人が生きていく上で欠かすことの出来ない食べ物、その中でも「野菜」が重要であることが伺えます。言うまでもなく、日本においても「食」の重要性については理解されています。しかしながら、野菜の摂取量は減少傾向であり、スペイン、フランス、アメリカ、カナダなどよりも少なく、中国や韓国の半分以下という有様です。

一日三回の食事で年間１０９５回、人生80年として考えると8万７６００回になります。「食は命の基、源」「食べる事は生きることであり、生きる事は食べ続けることである」等々とも言われます。日本の食生活を振り返って見ると、１９６０年代頃までは家庭で調理して食べる「家庭内食」が中心で「豊食」の時代ともいえます。１９７０年は外食元年と言われるように、大阪万国博覧会が開催、ケンタッキーフライドチキンが上陸、すかいらーく1号店が設立されました。翌1971年には、マクドナルド1号店、続いてロイヤルホスト、モスバーガー等と「家庭内食」に「外食」が加わってきます。1990年前後になると、「家庭内食」、「外食」に家庭外で調理した食品を持ち帰り食べる「中食」が出現してきます。1997年頃になると共働き世帯が専業主婦世帯を上回り、女性の社会進出は一段と進み、高齢化や単身世帯の増加と共に中食産業は拡大を続けます。食の風景も「豊食」から「飽食」へ、「呆食」や「崩食」等と言われる時代になり、「食」と「農」、「生産者」と「生活者」の距離は一段と広がりを見せます。

日本野菜ソムリエ協会は2001年「日常的に食を楽しめる社会」、「農業を次世代に継承できる社会」を作りたいという考えのもとに設立されました。その理念は、「1．生活者の方々が野菜・果物に関する楽しさ、新たな発見、感動などを見出せる環境を創造します。2．農業・青果物流通業を含む、全ての食品・外食・流通産業に従事されている方々が、国民の健康の維持増進に寄与しているというプライドを持って働ける環境を創造します。3．生産者の方々と生活者の方々の間の距離を、情報の相互流通を通じて縮める活動をします。」と、しています。

2015年日本人の平均寿命（厚生労働省）は、2012年以来世界1位であった女性が香港に抜かれ87．05歳で2位に、男性は80．79歳で香港、アイスランド、スイスに次いで、前年の3位から4位に順位を下げました。しかし、男性・女性ともに過去最高を更新しています。男性が80歳を超えたのは２０１３年、３年連続の80歳超えとなっています。男女合わせた平均寿命は２０１１年83歳、２０１２年、２０１３年と84歳で世界第1位です。

男女共に50歳を超えたのは１９４7年、終戦直後という事情はあるが当時の女性５３．９６歳、男性５０．０６歳と比較すると大きく伸びています。医療や食生活の向上による栄養状態の改善、衛生環境改善等が影響していると考えられます。

最近は健康寿命、つまり日常的に介護を必要としないで生き生きと、自立した生活を送ることができる期間のことであり、２０１３年の健康寿命（厚生労働省）は男性７１．１１歳、女性７５．５６歳で平均寿命との間に、10歳前後の差があります。この差を少なくすることが大事であると言われます。

65歳以上の高齢者の割合は、２６．５９％（総務省２０１６年1月1日）。１００歳以上は老人福祉法が制定された１９６３年には１５３人、２０１５年調査では6万１５６８人、内女性が5万３７２８人で８７．３％を占めています。２０１４年の人口10万人当たり４２．７６人は世界第1位。高齢化率は7％以上で高齢化社会、14％以上で高齢社会、21％以上で超高齢社会と言われます。１９６４年東京オリンピック時の高齢化率は６．２％、急速に高齢化が進んでいることがわかります。

子供の人口は、２０１６年4月1日現在１６０５万人で35年連続の減、総人口比１２．６％で42年連続減少、これまでで最低となっています。２０２５年には「団塊の世代」が全員75

歳となり、少子超高齢化対応は大きな課題です。高齢者一人を支える現役世代の姿は、「胴上げ型」「騎馬戦型」を経て、将来は現役世代一人が一人の高齢者を支える「肩車型」になるということが確実視されています。総人口の減少と超少子高齢化は、労働力の減少はもちろん、口が減る、即ち消費量が減少するということです。

生活者は健康で長生きを願い、それを叶えるためには「丈夫な体」を作ることが大事となります。それには、食習慣・運動・休養・禁煙・飲酒等の生活習慣が大事です。

2014年死亡者数は127万3000人（厚生労働省）で、多くは生活習慣病が原因であり、その約半分はがんであるようです。「食物・栄養とがんの関係」について、世界がん研究機関（WCRF）、アメリカがん研究財団（AICR）が世界中の医学論文4500をまとめた報告書（1997年）によれば、多種類の野菜・果物・豆類を摂ることは「確実に予防的」であるとしています。ただし、2007年の報告書では、野菜・果物の予防効果について「確実」の判定は無くなり「おそらく確実」の判定にとどまりました。

日本人のPFCバランスは、昭和50年～55年頃には、いわゆる伝統的な食事に肉や果物、乳製品等が程よく加わった健康的でバランスの良い食事（日本型食生活）が完成し、体格を変え平均寿命も大幅に伸びました。

社会の変化に伴って食生活も変化し、「飽食」と言われる様な食生活が健康問題などの社会問題を引き起こしています。2005年食育基本法が制定され、「2015年度食育白書」では第3次食育推進基本計画が施行され、特に若い世代の食が乱れていることを指摘しています。野菜だけでなく、果実の摂取量も極端に少なく、対策が必要であると思います。

米の消費量は1962年には一人年間118．3キログラムでありましたが、2012年には56．3キログラムと半分以下になりました。一時的であるにせよ、パンに「主食の座」を抜かれることもあり、食生活の変化が進んでいることを実感します。

アメリカでは、1960年代生活習慣病やがんによる死亡率の増加、国民医療費の増加に対する措置として、世界の食事事情を調査し、野菜や果物の摂取を増やそうという運動を始めました。最近では、野菜の摂取量は日本より多い状態で推移しています。

健康寿命を延ばすには、バランスの良い食事を最優先し、野菜・果物の摂取量を増やすことが、大事な要素です。

平成22年都道府県別生命表によると平均寿命では、長野県が女性87．2歳、男性80．9歳で男女共に第1位、最下位は青森県です。昭和60年には第1位で、平成7年に世界長寿地域宣言をした沖縄県の男性の平均寿命が、平成12年には26位に転落した〝26ショック〟（女性は5回連続1位）。その要因は生活習慣病で亡くなる人が増えて、平均寿命を下げたと言われ、飲酒、動物性脂肪の多い食事、車社会、健康診断の受診率が低い、特に戦後の食生活の変化が指摘されています。

平成24年国民健康・栄養調査報告における「体格及び生活習慣に関する都道府県の状況」によると、「体格及び主な生活習慣の状況について、都道府県別に年齢調整を行い、上位（上位25％）群と下位（下位25％）群の状況を比較した結果、ＢＭＩと野菜摂取量で、それぞれの間に、有意な差が見られた」とあります。肥満と関係する野菜摂取量では、全国平均が男性1日当たり297グラム、女性280グラムに対し、上位郡の男性平均は332グラム、女性310グラムです。

都道府県別では、長野県が男性379グラム、女性365グラムで共に第1位、2位は男女共に島根県。

肥満の割合で長野県男性（ＢＭＩ：23．4）は47都道府県中33位、女性（ＢＭＩ：22．5）は26位。それに対して、肥満の割合が男性3位（ＢＭＩ：24．3）、女性1位（ＢＭＩ：23．9）の沖縄県は、野菜摂取量において男性37位、女性44位で下位群に属しています。平均寿命が長く、野菜摂取量の多い長野県は、肥満率が低いと言えます。野菜の重要性を認識して、バランスの良い食事が重要です。

食の外部化・簡便化が進むと、食に関係する事件や事故の増加も考えられます。食に対する知識を身につけ、選食力を向上させることが大事になります。

農業生産者の平均年齢は66．3歳（2015農林業センサス）と高齢化。就業人口は、2016年2月調査（農林水産省）では192万7000人と、初めて200万人を下回る（1960年ピーク時1454万人）など減少して、後継者不足は進み、耕作放棄地は拡大を続け富山県の面積に匹敵すると言われています。しかし経営の大規模化も着実に進んでいることも事実です。

青果物の流通は多様化が進み、卸売市場経由率は低下傾向で推移していますが、流通の要であることに変わりはありません。ただし、大変元気な小売店もありますが、八百屋・果物屋・魚屋といった個人商店は激減し、量販店の時代に入りました。百貨店売り上げは1976年にスーパーマーケットに抜かれ、2008年にはコンビニエンスストアに抜かれました。小売りの現場は、ライフスタイルの変化だけでなく異業種からの参入もあり、垣根は取り払われ、百貨店、スーパーマーケット、コンビニエンスストア、ショッピングモール、直売所、道の駅、ドラックストアなどとの競争が続いています。更に、ネットスーパーの拡大も見られ、「インターネットで生産者と消費者をつなぐサービスが増えている」といった記事や、第四次産業革命という言葉を目にすることも多くなりました。総務省2015年の世帯調査によると、インターネットで買い物をする世帯が2015年は全体の27．6％、2005年の2．5倍であり利用率は最高を更新し続けていると言います。利用率は所帯主が30歳代以下の世帯で45.2%と最も高く、年齢が高いほど利用が減る傾向を示しているといます。生産、流通、小売りの段階だけでなく、生活のすべてにおいてIT化が進んでいます。

しかし、人はどの様な社会が訪れようと食べ続けなければなりません。

「食」という字を分解すると、人が良くなると書きます。

野菜・果物を十分に摂り入れた、バランスの良い食生活を送りましょう！

2016年　晩冬

田村善男

講演会等

平成9年3月24日　沼田婦人部合同研修会
平成10年10月3日　館林市農業委員会
平成13年3月11日　食と農を考える地域フォーラム
平成16年1月23日　こだわり青果物の流通開拓フォーラム
平成16年10月23日　元気会講演会
平成17年2月27日　ぐんま農産物食材・産品フェア
平成17年3月　岐阜県「飛騨農産物振興会」
平成17年5月11日　伊勢崎市くらしの会
平成17年11月30日　スーパーマーケット「フレッセイ」クラシード若宮
平成17年7月5日　川場村に於ける地域活性化の取り組み
平成18年9月30日　やまがた　ビジネスマッチングフェア
平成18年10月18日　群馬県農業委員大会
平成19年2月17日　東毛野菜フェスタ「板倉町の学校給食における地産地消の取り組み」
平成19年11月16日　榛東村農政懇談会
平成19年11月30日　JAうつのみや
平成20年2月15日　伊勢崎市認定農業者協議会
平成20年2月17日　農産物加工・生活改善グループ
平成20年2月26日　利根沼田農業委員研修会
平成20年3月11日　農業経営士・農村生活アドバイザー
平成20年5月14日　群馬県国際農業者協会
平成20年6月3日　営農指導員通常総会・盟友大会
平成20年8月27日　桐生市・みどり市農業委員会協議会
平成20年9月9日　下仁田町認定農業者連絡協議会
平成20年9月30日　JAアグリ大学園芸講座
平成20年10月10日　太田市認定農業者協議会
平成20年10月20日　JA前橋市富士見支所園芸協議会
平成20年11月21日　富岡地区農業指導センター
平成21年1月15日　西部地区野菜生産拡大推進会議研修会
平成21年2月2日　特別栽培農産物認証推進委員会
平成21年2月25日　甘楽町農業委員会、認定農業者、担い手
平成21年2月10日　群馬用水土地改良区
平成21年2月17日　渋川広域活性化協議会
平成21年2月23日　吉岡町農業委員認定農業者
平成21年2月26日　利根沼田農業委員研修会
平成21年3月2日　ぐんま食育推進サポーター研修会
平成21年3月4日　前橋市勤労女性センター
平成21年3月11日　日本種苗協会群馬県支部
平成21年3月23日　前橋街づくり協議会
平成21年3月24日　利根沼田農業共同組合新治支社
平成21年4月　吉岡町農業委員会
平成21年8月4日　ぐんま農村女性「きらめ輝」塾
平成21年8月18日　新規就農者の集い
平成21年10月31日　小学生親子「食の現場見学ツアー」
平成21年11月20日　群馬県農政部「試験研究機

関職員、各農業事務所職員」
平成22年2月5日　松義台地土地改良区農業振興講演会
平成22年2月19日　太田市農業共済講習会
平成22年2月26日　多野藤岡農業農村男女共同参画フォーラム
平成22年2月27日　沼田ロータリークラブ社会奉仕事業
平成22年6月2日　桐生大学医療保険学部栄養学科
平成22年6月3日　ＪＡ東日本くみあい飼料
平成22年7月14日　群馬キリン会
平成22年7月17日　群馬市民大学講座
平成22年9月11日　前橋栄養士会研修会
平成22年10月6日　あがつま地産地消交流会
平成22年11月25日　県産野菜とシャトーメルシャンワインを楽しむ会
平成22年11月26日　利根沼田 NOSAI 女性の会研修会
平成22年11月29日　ＪＡ山形もがみ
平成22年12月1日　大正用水土地改良区
平成22年12月14日　ＪＡ利根沼田　蓮根地区推進委員会
平成23年1月22日　農事組合法人子持産直組合
平成23年2月16日　ＪＡ嬬恋村
平成23年2月23日　群馬県立勢多農林高等学校
平成23年11月8日　「沼田桔梗クラブ」
平成23年11月23日　伊勢崎市農業まつり「さこみちょと野菜のトークショー」
平成23年11月25日　財団法人都市農産漁村交流活性化機構現地検討会
平成24年2月22日　ＪＡ佐波伊勢崎地域担い手育成総合支援協議会
平成24年4月24日　ＪＡたかさき野菜部会
平成25年8月25日　群馬県栄養士会「食育講座」
平成25年11月8日　ＪＡ群馬青年部大会
平成26年2月5日　群馬県担い手経営相談会
平成26年3月27日　みなかみの食を考える
平成27年2月2日　農業経営講座
平成27年6月11日　伊勢崎
平成27年9月18日　猿ヶ京温泉「夢未来」相談会
平成27年9月24日　群馬県担い手経営相談会
平成28年2月1日　群馬県担い手経営相談会
平成28年3月15日　ＪＡ利根沼田青果物販売促進会議
平成28年9月15日　群馬県担い手経営相談会
平成28年9月20日　群馬県担い手経営相談会
平成19～25年11月30日迄　群馬県農政審議会委員

出演メディア・投稿記事等

平成15年11月　群馬県農業会議編集・発行『食の風景』から『農の未来』を発送する手引書」
平成16年7月　テレビ東京『TVチャンピオン』「野菜フルーツ王選手権」でチャンピオン
平成16年12月　上毛新聞　群馬県　食育推進会議初会合
平成17年3月11日　上毛新聞　群馬県庁「ぐんま農産物食材・産品フェア」
平成17〜18年頃　TBSラジオ『子供電話相談室』
平成17〜18年頃　TBSラジオ『土曜ワイド』
平成18年9月　「野菜ソムリエコミュニティーぐんま」設立
平成19年1月24日　日経 WagaMaga「極上の家ごはん」座談会
平成19年2月17日　日本農業新聞、上毛新聞「東毛野菜フェスタ」
平成19年2月20日　Lala TV・TOKYO MX 他「やさい.tv」
平成19年3月2日　日本農業新聞「東毛の野菜をPR」(東部県民局)
平成19年3月16日　全国農業新聞「東毛野菜フェスタ」
平成19年　カネコ種苗(株)春播き特集号　NO.70
平成19年5月30日　日刊食料新聞「八百屋向け食育セミナー」
平成19年10月〜20年3月の間　日本テレビ『くちこみジョニー』
平成20年2月6〜7日　経営アグリビジネススクール群馬会場(特別講座)
平成20年5月3日　上毛新聞　群馬県より「県総合表彰」受賞
平成20年5月30日　全国農業新聞「群馬県国際農業者協会」
平成20年6月4日　上毛新聞　みのりくらぶ「心と体を豊かに」
平成20年6月7〜8日　第三回食育推進全国大会「野菜ソムリエコミュニティーぐんま」で参加、以後、毎年開催の「ぐんま食育フェスタ」に連続して参加
平成20年6月11日　上毛新聞「営農指導員連盟総会」
平成20年8月2日　上毛新聞「伝える　伝わる　群馬の食育」
平成21年2月7〜9日　「メディカルツアー二泊三日」引率案内
平成21年2月18日　全国農業新聞「渋川広域農業活性化協議会」
平成21年4月3日　全国農業新聞「吉岡町農業委員会」
平成21年6月22日　NHKつながるラジオ『ラジオ井戸端会議』
平成21年7月　キリンビールマーケティング(株)群馬支社と協働で「野菜グルメの会」を立ち上げる
平成21年10月21日　上毛新聞　食と農を語る。シリーズ20
平成21年10月23日　群馬インテリアコーディネーター協会
平成22年　vol.5　春・夏号(利根沼田タウンコミュニティー)
E-Dappe(イーダッペ)
平成22年1月5日　読売新聞地域版「地賛地食」群馬産の実力伝えたい
平成22年3月25日　上毛新聞「けいざい交差点」県産野菜の普及
平成22年9月28日　NHK前橋放送局「群馬100年インタビュー・たすきでつなげ群馬の力」

平成22年10月9日「第一回　全国キノコ食味&形のコンテストin鮭川村」開催。大会の立ち上げに参加、審査委員長を務める（於：山形県鮭川村）

平成22年11月23日　上毛新聞・群馬県産農畜産物に関するメディア招待試食会（築地社会教育会館）

平成22年　おとな日和（隔月刊、2010 vol.6）

平成23年2月25日　上毛新聞「勢多農林高等学校」

平成23年3月16日　上毛新聞「野菜グルメの会」（開催ごとに掲載）

平成23年5月30日　上毛新聞「ソムリエ」が活躍

平成23年6月30日　群馬テレビ『レッツゴーカースポット』

平成23年8月　群馬テレビ生活情報番組『グッドライフ・マガジン』

平成24年　食料新聞「漬物の魅力発信を～ソムリエ取得で伝え方研究」

平成24年2月24日　日本農業新聞　JA佐波伊勢崎「地産地消へ食農セミナー」

平成24年6月20日　上毛新聞　高崎ヤマダ電機「地場野菜を〝食べるん〟」

平成24年6月24日　読売新聞　高崎の旬の野菜PR「地産地消」フェア

平成24年6月27日　日本農業新聞「高崎産野菜食べよう」

平成24年7月18日　読売新聞「野菜ソムリエ県産品PR」

平成25年9月　グラフぐんま「群馬の農産物」

平成25年12月　広報いせさき「親子食農バスツアー」

平成26年1月19日　上毛新聞　群馬県庁「食育貢献で表彰」

平成26年1～2月　ヤマダ電機「たかさき野菜〝たべるん〟フェア」

平成27年1月23日　上毛新聞「野菜のココロ」（野菜ソムリエコミュニティーとして連載始まる）

平成27年8月　vol.58　日本栄養士雑誌

平成28年3月迄　TBSラジオ『大沢悠里のゆうゆうワイド』（約20年間）

平成28年10月5日　TBSラジオ『ジェーンスー生活は踊る』

著者／田 村 善 男

群馬県出身。専修大学経営学部卒業。

ぐんま県央青果株式会社常務取締役。

東京都中央卸売市場築地市場の東京築地青果株式会社（現東京シティー青果（株））入社。31年間全国各地の青果物販売及び産地育成に関わる。特に群馬県の園芸振興に力を注ぎ「群馬の野菜」生産・流通振興プランの作成や園芸特産物ブランド産地指定等に関わる。京浜市場群馬会会長、群馬県経営構造アドバイザー、群馬県農政審議会委員等を歴任。平成19年に群馬県総合表彰受賞。NPO法人「野菜と文化のフォーラム」会員。

日本ベジタブル＆フルーツマイスター協会（現日本野菜ソムリエ協会）認定マイスター。平成21年シニア野菜ソムリエ取得。一般社団法人日本の食文化を伝えていく会「食と農のかたりべ」1級取得。平成3年より約20年間『大沢悠里のゆうゆうワイド』(TBSラジオ)「おいしいものをありがとう」コーナーに野菜担当でレギュラー出演。平成16年『TVチャンピオン』（テレビ東京）「野菜＆フルーツ王選手権」で優勝。

築地市場のセリ人が教える旬の野菜

平成二十九年一月一日　初版第一刷

著　者　田村善男
発行者　伊藤太文
発行所　株式会社　叢文社
〒112－0014
東京都文京区関口一－四七－一二
電話　〇三（三五一三）五二八五

印　刷　モリモト印刷株式会社

定価はカバーに表示してあります。
乱丁・落丁についてはお取り替えいたします。

ISBN978-4-7947-0768-0